Colección Tierra Firme

LA MUERTE DEL ESTRATEGA

ÁLVARO MUTIS

LA MUERTE DEL ESTRATEGA

ESTRATEGA

Narraciones, prosas y ensayos

FONDO DE CULTURA ECONÓMICA

MÉXICO

Primea edición (Procultura), 1985
Segunda edición (FCE), 1988
Primera reimpresión, 1995

ISBN 968-16-2827-6

Impreso en México

DIARIO DE LECUMBERRI

Estas páginas reúnen, gracias al interés y amistad de Helena Poniatowska, el testimonio parcial de una experiencia y la ficción nacida en las largas horas de encierro y soledad. La ficción hizo posible que la experiencia no destruyera toda razón de vida. El testimonio ve la luz por quienes quedaron allá, por quienes vivieron conmigo la más asoladora miseria, por quienes me revelaron aspectos, ocultos para mí hasta entonces, de esa tan mancillada condición humana de la que cada día nos alejamos más torpemente.

I

Cuando las cosas van mal en la cárcel, cuando alguien o algo llega a romper la cerrada fila de los días y los baraja y revuelca en un desorden que viene de afuera, cuando esto sucede, hay ciertos síntomas infalibles, ciertas señales preliminares que anuncian la inminencia de los días malos. En la mañana, a la primera lista, un espeso sabor de trapo nos seca la boca y nos impide dar los buenos días a los compañeros de celda. Cada cual va a colocarse como puede, en espera del sargento que viene a firmar el parte. Después llega el rancho. Los rancheros no gritan su "¡Esos que agarran pan!", que los anuncia siempre, o su "esos que quieren atole", con el que rompen el poco encanto que aún ha dejado el sueño en quienes se tambalean sin acabar de convencerse que están presos, que están en la cárcel. La comida llega en silencio y cada cual se acerca con su plato y su pocillo para recibir la ración que le corresponde y ni protesta, ni pide más, ni dice nada. Solamente se quedan mirando al vigilante, al "mono", como a un ser venido de otro mundo. Los que van a los baños de vapor perciben más de cerca y con mayor evidencia al nuevo huésped impalpable, agobiador, imposible. Se jabonan en silencio y mientras se secan con la toalla, se quedan largo rato mirando hacia el vacío, no como cuando se acuerdan "de afuera", sino como si miraran una nada gris y mezquina que se los está tragando lentamente. Y así pasa el día en medio de signos, de sórdidos hitos que anuncian una sola presencia: el miedo. El miedo de la cárcel, el miedo con polvoriento sabor a tezontle, a ladrillo centenario, a pólvora vieja, a bayoneta recién aceitada, a rata enferma, a reja que gime su óxido de años, a grasa de los cuerpos que se debaten sobre el helado cemento de las literas y exudan la desventura y el insomnio.

Así fue entonces. Yo fui de los primeros en enterarme de lo que pasaba, después de dos días, dos días durante los cuales el miedo se había paseado como una bestia ciega en la gran jaula del penal. Había muerto uno en la enfermería y no se sabía de qué. Envenenado, al parecer, pero se ignoraba cómo y con qué. Cuando llegué a mi crujía, ya mis compañeros sabían algo más, porque en la cárcel corren las historias con la histórica rapidez con que transmiten los nervios sus mensajes cuando están excitados por la fatiga. Que era un "tecatero"[1] y que se había inyectado la droga unas horas antes de morir. Que iban a examinar las vísceras y que al otro día se sabría. Al anochecer todo el penal estaba enterado y fue entonces cuando entramos en la segunda parte de la plaga, como entonces la llamé para decirle por algún nombre.

Una gran espera se hizo entre nosotros y nadie volvió a hablar ni a pensar en otra cosa. En la madrugada del día siguiente fueron a mi celda para despertarme: "Hay uno que está muy malo, mi mayor, echa espuma por la boca y dice que no puede respirar." Algo me resonó allá adentro diciéndome que ya estaba previsto, que yo ya lo sabía, que no tenía remedio. Me vestí rápidamente y fui a la celda del enfermo, cuyos quejidos se escuchaban desde lejos. Era Salvador Tinoco, *el Señas*, un muchacho callado y taciturno que trabajaba en los talleres de sastrería y a quien venía a visitar una ancianita muy limpia y sonriente a la que llamaba su madrina. Le habían puesto *el Señas* por algo relacionado con el equipo de beisbol al cual pertenecía orgulloso y al que dedicaba todas sus horas libres con inalterable entusiasmo. Nunca hubiera imaginado que *el Señas* se inyectaba. No había yo aún aprendido a distinguir entre la melancolía habitual de los presos y la profunda desesperanza de los que usan la droga y de la que ésta sólo parcialmente logra rescatarlos. *El Señas* se quedó mirándome fijamente; y ya no podía pronunciar ninguna palabra inteligible. Un tierno mugido acompañaba esta mirada en la que me decía toda la ciega fe depositada en mí, la certeza de que yo lo salvaría de una muerte que ya tomaba posesión del flaco cuerpo del muchacho. Lo llevamos a la enfermería e inmediatamente el médico de turno lo pasó a la sala. Una estéril lucha en la que se agotaron todos los recursos a la mano; desembocó en el debatirse incansable de *el Señas* contra la dolorosa invasión de la parálisis que iba dejándole ciertas partes del cuerpo detenidas en un gesto vago y grotesco, ajeno ya por completo a lo que en vida fuera el tranquilo y serio Salvador, quien me dijera un día, como único comentario a la visita de su madrina: "Viene desde Pachuca, mi mayor. Allá tenemos una tierrita. Ella ve de todo, mientras salgo." Y ahora, pensaba yo. "¿Quién podrá avisarle a la madrina que *el Señas* se muere?"

Poco a poco se fue quedando quieto y de pronto una sombra escarlata le pasó por el rostro, se aflojaron un tanto sus manos que se habían engarrotado en la garganta y el médico retiró las agujas por donde entraba el suero y los antídotos y nos miró con la cara lavada por el cansancio: "De todas maneras no tenía remedio. Mientras no

[1] Adicto a la heroína.

sepamos qué es lo que les están vendiendo como droga, no hay nada que hacer."

Así que eso era. Estaban vendiendo la "tecata balín".[2] Alguien había descubierto la manera más fácil de ganarse algunos pesos vendiendo como heroína, vaya el infierno a saber qué sustancia, que en su aspecto semejaba a los blancos polvos que en el penal se conocen con el nombre de "tecata". Regresé a la crujía. Esto era, entonces, lo que había anunciado el miedo. ¿Cuántos vendrían ahora? ¿Quiénes? No íbamos a tardar en saberlo.

Al día siguiente, en la mañana, vimos entrar una mujerona fornida, con el pelo pintado de rubio y un aire de valkiria vencida por la miseria y el hastío de la vida de vecindad. Traía una mirada vaga, perdida, una sonrisa helada se le había pegado al rostro feamente. Era la mujer de Ramón el peluquero. No entendimos muy bien en el primer momento. Pero cuando recordé la faraónica cara de Ramón, sus ojos grandes y acuosos y algunas de sus fabulosas digresiones en las que se perdía mientras nos cortaba el pelo, una certeza agobiadora me llegó de pronto.

Ramón era el siguiente. Con una boleta para el dentista me fui a la enfermería con la esperanza de haberme equivocado. Ramón era un buen amigo, un admirable peluquero. Estaba en lo cierto. Lo encontré tendido en la cama, las manos agarradas de los bordes del lecho, gimiendo sordamente mientras sus palabras iban perdiendo claridad entre los estertores de la intoxicación. "No me dejes morir, güera. Güerita, a ver si el doctor puede hacer algo. Pídeselo por favor." El médico observaba fijamente al moribundo: "¿Quién te dio la droga, Ramón? Otros vendrán después de ti si tú no nos lo dices. ¿Quién te la dio?" "Da igual, doctor. Sálveme a mí; a los otros que se los lleve la tiznada. Sálveme y se lo digo todo. Si me dejan morir, me callo. ¡Sálvenme, cabrones, que para eso les pagan!", e hizo un vano intento de saltar sobre el médico que acechaba sus palabras y lo miraba impasible, con la amarga certeza de que de ese desesperado animal de agonía dependía la vida de muchos otros que tal vez en ese mismo momento estaban comprando la falsa droga.

"Dinos quién fue y te salvamos", dijo un ayudante con la imprudencia de quien no conoce las leyes inflexibles del recluso. Ramón no podía ya hablar; no tenía casi aire para formar palabra alguna. Se quedó viendo fijamente al que había hablado, con una mirada irónica acompañada de una mueca de desprecio, como diciéndole: "¡Tú qué sabes, imbécil! Ya nada puede salvarme, lo sé. ¿No ves que ni

[2] Heroína falsificada.

13

hablar puedo ya?" De repente la esposa, que conservaba hasta entonces esa congelada actitud de quien no puede recibir más golpes de la vida, comenzó a gritar enloquecida y agarrando al médico de la blusa, le dijo: "¡Yo sé quién la vende! ¡Yo sé, doctor. A usted se lo digo. A usted solamente. No me gusta *chivatiar* delante de estos pendejos!" El doctor la sacó al jardín lleno de flores. No se demoró mucho con ella y regresó llevándola del brazo hasta el pie de la cama. "*El Señas*, como venía diciéndole, murió ayer, señora. No puede ser." "Pues ése era, doctor; ni modo que fuera otro." La impotencia se retrataba en el rostro agotado e incoloro del médico. Entró un oficial. Llevaba un impecable uniforme de gabardina beige y traía un aire ajeno a todo lo que allí pasaba, que nos despertó un sordo rencor en contra suya. Gratuito tal vez, pero muy hondo. "¿Qué hubo?", preguntó mirando el violáceo rostro de Ramón, "¿le sacaron algo?" "Ya no puede decir nada, ni dijo nada tampoco", contestó el médico alzándose de hombros y revisando las llaves del oxígeno como si quisiera evitar al intruso. Ramón el peluquero empezó a temblar, temblaba como si le estuvieran pegando en sueños. Su mujer le miraba fijamente, con rabia, con odio, como si mirara lo que ya no sirve, lo que no sirvió nunca. Cuando dejó de temblar, estaba muerto. La mujer no dijo nada. Se puso en pie y salió sin hablar con nadie.

Después vino *el Ford*. Se desmayó mientras pintaba uno de los muros de las cocinas. Lo llevaron a la enfermería y los médicos se dieron cuenta que estaba intoxicado. Se había fracturado la columna vertebral, no hablaba y sus grandes ojos inyectados en sangre nos miraban con asombro. Todos morían igual. La falsa droga les afectaba los centros motores de la respiración. Poco a poco se iban asfixiando en medio de terribles dolores. El aire les faltaba cada momento más y se metían la mano en la garganta y trataban de arrancar allí algo que les impedía la entrada del aire. Los amarraban a la cama y lentamente iban entrando a la muerte, siempre asombrados, siempre incrédulos de que alguien que ellos nunca delataron, les hubiera engañado con la "tecata balín", en la que no acababan de creer hasta cuando sentían los primeros síntomas de su acción en su propio cuerpo.

Al *Ford* le siguió *el Jarocho*; al *Jarocho*, *el Tiñas*; al *Tiñas*, *el Tintán*; al *Tintán*, Pedro el de la tienda; a Pedro el de la tienda, *el Chivatón* de Luis Almanza, y así, poco a poco, fuimos entrando en la sorda mina de la plaga, penetrando en el túnel de los muertos, que se iban acumulando hasta lograr hacernos vivir como natural e irremediable este nuevo capítulo de nuestra vida de presos. Ninguno quiso decir cómo había conseguido la droga, quién se la había faci

14

litado. Ninguno se resignó a aceptar que había sido el elegido para el macabro negocio. Cuando se desengañaba y la asfixia comenzaba a robarle el aire y el terror se le paseaba por el atónito rostro, entonces un deseo de venganza lo hacía callar. "¡Que nos muramos todos! —dijo uno—. Al fin pa' qué servimos, mi coronel. Si yo le digo quién me la vendió, de nada va a servirle. Otro la venderá mañana. Ya ni le busque, mi jefe." Otros trataban de negociar con las autoridades y los médicos que cercaban la cama en busca de una pista que les indicara el origen de la plaga: "Yo sí le digo, doctor —decían—, pero si me mandan al Juárez y me hacen la transfusión. Yo sé que con eso me salvan. *El Tiliches* me lo dijo, yo lo sé. Allá les cuento quién me vendió la 'tecata balín' y en dónde la guardan." Lo de la transfusión y el Juárez era parte de la leyenda que se iba formando alrededor de las muertes incontrolables e irremediables. No había salvación posible y los médicos nada podían hacer contra la sustancia que, mezclada con el torrente sanguíneo, arrastraba implacablemente hacia la tumba al desdichado que había buscado en ella un bien diferente camino para evadir la imposible realidad de su vida.

Fue por el décimo muerto cuando Pancho lanzó en el cine su grito inolvidable. Tenía la costumbre de llegar cuando estaban ya las luces apagadas. Iba a sentarse al pie del telón y gritaba a voz en cuello: "¡Ya llegué!" Le contestaba una andanada de improperios y él, inmutable, se dedicaba a comentar, a manera de coro griego, los incidentes de la película, relacionándolos con la vida diaria del penal. Cuando la tensión del drama en la pantalla nos tenía a todos absortos y tensos, en espera del desenlace, él gritaba maliciosamente: "¡Cómo los tengo!", y rompía el hechizo, recibiendo el consabido comentario de los espectadores.

Cuando la "tecata balín" comenzó a circular y a matar, cuando cada rostro era escrutado largamente por los demás para buscar en él las huellas de la muerte, Pancho no volvió a lanzar su grito. Entraba, como antes, ya apagada la luz, se sentaba al pie del telón, como siempre, y se quedaba callado hasta el final de la función. Fue el miércoles que siguió a la fiesta nacional, cuando murieron tres compañeros en un mismo día y llegó a su clímax el terror que nos visitaba. El cine estaba lleno hasta el último asiento. Todos queríamos olvidar el poderío sin fin de la muerte, ese viaje interminable por sus dominios. Pancho entró en la oscuridad y, de pronto, se detuvo en medio del pasillo central, se volvió hacia nosotros y gritó: "¡Que vivan los chacales[3] y que chinguen a su madre los muertos!" Un si-

---

[3] Homicidas.

lencio helado le siguió hasta cuando le vimos sentarse en su puesto habitual y meter la cabeza entre los brazos para sollozar sordamente. Dos de los muertos eran sus mejores amigos. Había llegado con ellos y con ellos solía vender refrescos los días de juego en el campo deportivo.

A partir de ese día comenzó a saberse que había ya alguna pista firme. Algo en el ambiente nos dijo que estaba cercano el final del reinado de la "tecata balín".

Al poco tiempo vi entrar una tarde, ya casi anocheciendo, a dos presos que traían a mi crujía unos vigilantes que los cercaban cuidadosamente y los empujaban con sus macanas. Pálidos, tartajosos, desconcertados, entraron cada uno a una celda de la planta baja. No tardaron en llegar los oficiales y dos médicos. En los baños se improvisó una oficina y allí fue interrogado cada uno por separado, durante casi toda la noche. Sin violencia, paciente y terco, el coronel fue sacándoles la verdad, haciéndoles caer en contradicciones que servían para ir aclarando toda la historia. El *Salto-Salto* y su compañero, *la Güera*, habían sido los de la idea. Raspaban con una hoja de afeitar cuanta pintura blanca hallaban a la mano; el fino polvo así conseguido lo envolvían en las diminutas papeletas en las que circula la droga y lo mezclaban con las que tenían la verdadera heroína. En esta forma la ruleta de la muerte había jugado por cinco negras semanas su fúnebre juego, derribando ciegamente, dejando hacer al azar, que tan poco cuenta para los presos, tan extraño a ese mundo concreto e inmodificable de la cárcel. Hasta entonces, el azar había sido otro de los tantos elementos de que está hecha la libertad; la imposible, la huidiza libertad que nunca llega.

No sé muy bien por qué he narrado todo esto. Por qué lo escribo. Dudo que tenga algún valor más tarde, cuando salga. Allá afuera, el mundo no entenderá nunca estas cosas. Tal vez alguien debe dejar algún testimonio de esta asoladora visita de la muerte a un lugar ya de suyo muy semejante a su viejo imperio sin tiempo ni medida. No estoy muy seguro. Tal vez sea útil narrarlo, pero no sabría decir en qué sentido, ni para quién.

Hoy han venido Elena y Alberto y les he contado todo esto. Por el modo como me miran me doy cuenta de que es imposible que sepan nunca hasta dónde y en qué forma nos tuvo acogotados el miedo, cómo nos cercó durante todos estos días la miseria de nuestras vidas sin objeto. No podrán saber jamás a merced de qué potencia devastadora se jugó nuestro destino. Y si ellos, que están tan hermosa-

16

mente preparados para entenderlo, no pueden lograrlo, entonces ¿qué sentido tiene que lo sepan los demás?

He pensado largamente, sin embargo, y me resuelvo a contarlo mientras un verso del poema de Mallarmé se me llena de pronto de sentido, de un obvio y macabro sentido. Dice:

Un golpe de dados jamás abolirá el azar.

II

DE TODOS los tipos humanos nacidos de la literatura —de la verdadera y perdurable, es obvio— no es fácil encontrar en el mundo ejemplos que se les asemejen. De eso que llamamos un "carácter esquiliano", "un héroe de Shakespeare", o "un tipo de Dickens", solamente un raro azar puede ofrecernos en la vida una versión medianamente convincente. Pero lo que ciertamente consideraba yo hasta ahora como algo de imposible ocurrencia, era el encuentro con ese tan traído "personaje de Balzac", que siempre estamos esperando hallar a la vuelta de la esquina o detrás de la puerta y que jamás aparece ante nosotros. Porque la densa y cerrada materia con la que creó Balzac sus criaturas de *La comedia humana*, fue puesta sobre modelos en capas sucesivas y firmemente soldadas entre sí. Son personajes creados por acumulación y que se presentan al lector con dominador propósito ejemplarizante, que excluye ese halo de matices que en los demás novelistas permite la fusión, así sea parcial y en escasas ocasiones, de sus criaturas, en los patrones ofrecidos por nuestros semejantes en la diaria rutina de sus vidas.

Cuál no sería mi asombro, cuánta mi felicidad de coleccionista, cuando tuve ante mí y por varios meses para observarlo a mi placer, a un evidente, a un indiscutible "personaje de Balzac". Un avaro.

Llegó a la crujía a eso de las siete de la noche, y fue recorriendo nuestras celdas con prosopopeya bonachona, dirigiéndose a cada uno dando la impresión de que con ello le concedía una exclusiva y especial gracia y esto merced a ciertas secretas y valiosas virtudes del oyente que sólo a él le era dado percibir.

De alta y desgarbada figura, rubio, con un rostro amplio y huesudo que surcaban numerosas arrugas de una limpiezza y nitidez desagradables, como si usara una piel ajena que le quedara un poco holgada: al hablar subrayaba sus siempre vagas e incompletas frases con gestos episcopales y enfáticos y elevaba los ojos al cielo como poniéndolo por testigo de ciertas nunca precisadas infamias de que era víctima. Tenía costumbre de balancearse en sus grandes pies, como suelen hacerlo los prefectos de los colegios regentados por religiosos, imprimiendo una vacilante y temible autoridad a toda observación que salía de su pastosa garganta de bedel. Su figura tenía algo de va-

18

quero del Oeste que repartiera sus ocios entre la predicación y la homeopatía.

Se llamaba Abel, nombre que le venía admirablemente y que me aclaró el porqué de esa universal simpatía que despierta Caín, acompañada siempre de una vaga impresión de que el castigo que se le impusiera fue harto desmesurado, y hasta con ciertos ribetes de sádico.

Poco a poco, gracias a los periódicos y a las informaciones que nos trajera la indiscreta diligencia de los encargados del archivo de expedientes, fuimos conociendo en detalle la historia del balzaciano sujeto.

Amparado en un falso grado de coronel, conseguido Dios sabe a qué precio, de cuántas melosas palabras y ampulosos y retóricos ademanes, se lanzó a labrar una fortuna que, en los estrados, se calculaba en cincuenta millones de pesos, mediante el secular y siempre infalible sistema del agiotismo y la usura. Prestaba dinero a un interés elevadísimo y exigía como garantía —siempre mediante escritura de confianza a su nombre, anulable al pago de una deuda y sus intereses— terrenos y edificios situados, por rara coincidencia, en zonas a punto de recibir el beneficio de valiosos adelantos urbanísticos. Por ese implacable cálculo, que en tales gentes se convierte en un sentido más como la vista o el olfato, los dueños se veían precisados a desprenderse de sus propiedades cuando el hasta entonces generoso amigo, se encontraba obligado a "recoger algunos pesos para hacer frente a una pasajera crisis de sus negocios". Era entonces cuando la asfixiante tenaza de pagarés y juicios de lanzamientos se cerraba sobre el cándido deudor y lo dejaba en la calle, desde donde, sin salir aún de su asombro, veía la erguida silueta del *Coronel* recorriendo la nueva propiedad y deteniéndose a admirarla, mientras imprimía a su cuerpo ese balanceo aterrador y justiciero.

A medida que nos fuimos enterando de estos detalles y que él se daba cuenta de nuestra creciente información sobre su pasado, más enfático se tornaba nuestro hombre en lo relativo a su inocencia y a "las infamias inventadas por mis enemigos, a quienes en su tiempo ayudé con toda buena voluntad". En su uniforme solía llevar una insignia del Club Rotario, que siempre supusimos ladinamente hurtada y agregada a su atuendo, para subrayar más aún su pregonado "espíritu humanitario de servicio".

Su actitud hacia nosotros y en general hacia todos los presos, fue la de quien, encerrado por una torpe conspiración, tiene que descender amablemente a compartir la vida penitenciaria, dejando ver que es por entero ajeno a ella, mientras se aclara el malentendido. La distancia la marcaba con un gesto de su gran mano simiesca, semejante al de los altos prelados que inician la bendición de una menesterosa turba de fieles, con algo que tiene mucho de apostólico y no poco de amable rechazo, mientras se coloca en el rostro una sonrisa seráfica de condescendencia, destinada a indicar que la pasajera mansedumbre obedece más a necesidades convencionales y exteriores que a un sentimiento personal.

Ocupaba una de las celdas del primer piso que mantenía siempre cerrada con candado y adonde nadie fue invitado jamás a entrar. Y mientras los demás habitantes de nuestra crujía —conocida en Lecumberri como la de "los influyentes" o "cacarizos"— preparábamos nuestra comida o la recibíamos de fuera, don Abel se acercaba dignamente, con la escudilla en una mano y el pocillo reglamentario en la otra, para recibir el rancho del penal que llegaba hasta nuestra reja a las horas de comida, sólo hasta entonces para cumplir una rutina. Una vez servido, tornaba el rubio *Coronel* a encerrarse en su celda y allí engullía la ración penitenciaria sin que nadie fuese testigo de tan valerosa hazaña.

Cierta mañana, al salir de su celda para contestar a la lista, corrieron tras él tres grandes ratas de color pardo cuyo lanoso vientre casi tocaba el suelo. Se quedaron mirándonos entre asombradas y furiosas y volvieron a entrar al cuarto. Por la cara de don Abel se fue componiendo una sonrisa beatífica que quería ser la misma que iluminara el rostro del *Poverello* cuando hablaba a sus hermanas las aves, pero que, tratándose de nuestro personaje y de tan irritables roedores, sólo logró ser una turbadora mueca llena de complicidad con las potencias inferiores que vino a morir en un saltito juguetón, feamente pueril e innecesario.

Una tarde, al regresar de una diligencia del juzgado que seguía su causa, su amplia y huesuda carota de Judas trajo un color amarillo y enfermizo y sus gestos, de ordinario tan amplios y elocuentes, tenían un no sé qué desacompasado y rígido que despertó en nosotros una sorda animosidad, una oscura rabia en su contra.

Al día siguiente nos enteramos de que don Abel estaba enfermo y no podía pasar lista. Cuando llegó el sargento para contarnos, golpeó en su puerta y una hueca y rotunda tos le respondió, resonando en el interior de la celda como una mentirosa e histérica disculpa. Ese mismo día, los periódicos trajeron la noticia de que el juez había fijado una fianza de tres mil pesos para que pudiera salir libre. A cualquiera de nosotros una tan benévola resolución judicial hubiera bastado para llenarnos de alegría. Al *Coronel* lo había sumido en la más angustiosa disyuntiva. La Navidad y el Año Nuevo se acercaban por entonces y sus nietos —que repetían muchos de los rasgos del abuelo con esta torpe y engañosa frescura de la juventud— venían jueves y domingos a visitarle y lo acosaban a preguntas sobre cuándo saldría, si estaría en casa para la repartición de los regalos al pie del árbol y si alcanzaría a las últimas "posadas". La boca del viejo se retorcía como un reptil que trata de escapar de las crueles manos de los colegiales que lo atormentan.

Comenzamos a hacer apuestas sobre si don Abel pasaba la Navidad con nosotros o se resolvería a desprenderse de los tres mil pesos de su fianza. Cuando llegó la víspera de las fiestas navideñas, las apuestas subieron hasta cien pesos y don Abel seguía contestando con una tos cada día más cavernosa y menos convincente, a la llamada del sargento. Perdieron quienes apostaron que don Abel pasaría la Navidad con su familia. Y así fue en el Año Nuevo y también en Reyes.

Por fin, un oficial encontró la fórmula para sacar a don Abel de la cárcel. Una mañana a la hora de la lista, vimos llegar a dos camilleros de la enfermería con un ayudante del servicio médico. Golpearon en la puerta del empecinado enfermo y cuando éste contestó con su tos de payaso, el sargento replicó con un seco "¡Salga!" que debió dejarlo helado en la oscuridad de su celda. Poco después apareció en el umbral y todos debimos mostrar la misma expresión de asombro, ante la horrible transformación que había sufrido su figura. La piel se le pegaba a la cara como un gris papel de feria desteñido por la lluvia, los ojos hinchados por la humedad sólo dejaban ver una materia rojiza y viscosa que se movía continuamente y de sus gestos luteranos y entusiastas quedaba apenas un temblor de animal acosado. Había olvidado ponerse la dentadura y la boca se le hundía en la mitad del rostro como el resumidero de un patio de vecindad.

Allí se quedó parado ante la camilla, sin saber qué decir. "¡Acuéstese ahí, y llévenselo!", ordenó el sargento con esa brusquedad castrense que no deja rendija alguna por donde pueda colarse un argumento o una disculpa. El *Coronel* se tendió lentamente en la camilla que los enfermeros pusieron en el suelo, y al intentar sonreír hacia nosotros, como tratando de restarle importancia a la escena, dejó escapar un blanco hilo de saliva de sus incontrolables labios.

Ese mismo día llamó a su abogado y le ordenó pagar la fianza. Nos cuenta el enfermero encargado de la sala adonde lo llevaron, que cuando firmó su boleta de libertad, era tal su rabia que rompió dos veces la pluma que le alcanzara el escribiente. Dicen que salió energúmeno, acusando al juez de abusivo y ladrón y a las autoridades de la cárcel de inhumanas y crueles para con un antiguo servidor de los ejércitos revolucionarios.

Cuando entramos a su celda, movidos por la curiosidad que tanto encierro nos causara, pensé al momento en la del abate Faria de las viejas versiones del cine mudo de *El Conde de Montecristo*. En una gran cantidad de bolsitas de papel, de esas que se usan en las tiendas para vender azúcar y arroz por kilos, había guardado pedazos de pan que tenían ya una rigidez faraónica, trozos de carne que apestaban horrendamente y otros alimentos cuya identidad había cambiado ya varias veces por la acción del moho y el paso del tiempo. Las ratas corrían por entre las bolsas de papel, con el desasosiego de los perros que pierden a su dueño en una aglomeración callejera.

Los fajineros lavaron la celda y por mucho que lo intentaron, no les fue posible hacer desaparecer el apestoso aroma que se había pegado a las paredes y fundido con la humedad que por ellas escurría. Hubo que resignarse a dejar sin ocupar el cuarto y guardar allí las escobas, trapos y baldes con los que se hace el aseo de la crujía.

III

Esta mañana vinieron a contarme que *Palitos* había muerto. Lo apuñalearon en su crujía a la madrugada. Como sabían que venía a verme y a conversar conmigo, y a sus compañeros les contaba que yo era su "generalazo" y que era "muy jalador" —en esto aludía a la facilidad con que lograba convencerme de sus complicados negocios de leche, café y cigarrillos—, algunos de ellos vinieron a traerme la noticia.

Fui a verlo por la tarde al estrecho cuartucho que en la enfermería usan como anfiteatro. Sobre una losa de granito estaba *Palitos*. Su cuerpo desnudo se estiraba sobre la lisa superficie en un gesto de vaga incomodidad, de insostenible rigidez, como hurtando el frío contacto de la piedra. Debajo, a sus pies, estaba el atado con sus ropas de preso, el uniforme azul, celeste ya por el uso, su cuartelera, sus botas de fajinero, y sobre la ajada página de una revista deportiva, sus objetos personales: una jeringa hipodérmica remendada con cáñamo y cera, una pequeña navaja, un retrato de Aceves Mejía con una dedicatoria impresa, un lápiz despuntado y una arrugada cajetilla de cigarrillos, casi vacía.

Me quedé mirándolo largo rato mientras un rojizo rayo de sol, tamizado por entre el polvo de Texcoco que flota en la tarde, se paseaba por la tensa piel de su delgado cuerpo al que las drogas, el hambre y el miedo habían dado una especial transparencia, una cierta limpieza, un trazo neto y sencillo que me hizo recordar el cuerpo de esos santos que se conservan debajo de los altares de algunas iglesias, en cajas de cristal con polvosas molduras doradas.

Allí estaba *Palitos*, más joven aún de lo que pareciera en vida, casi un niño. Libre ya de la desordenada angustia de sus días y del uniforme que le quedaba grande y le hacía ver más desdichado, mostraba en la desnudez de su cadáver cierto secreto testimonio de su ser que en vida no le fuera dado transmitir y cuya expresión buscara acaso por los caminos de la heroína en los cuales se perdiera irremediablemente. La boca le había quedado semiabierta, en un gesto parecido al de los asmáticos que buscan afanosamente el aire; pero al mirarle de cerca se advertía un repliegue del labio superior que descubría una parte de sus dientes. Una mezcla de sonrisa y sollozo semejante al espasmo del placer. En el costado izquierdo mostraba una herida de gruesos labios por la que todavía manaba un hilillo de sangre negra con la consistencia del asfalto.

A los pocos días de mi llegada había aparecido de repente en mi celda con la mirada desencajada y un leve temblor en todo el cuerpo, como el que precede a la fiebre.

Me explicó que estaba dispuesto a lavar mi ropa, a limpiarme el calzado, a ir a la tienda por café, y así siguió ofreciéndome una lista de servicios con la presurosa angustia de quien transmite un santo y y seña o comunica un mensaje urgente. No se esperó a que yo le pidiera nada y, al verme dudar, desapareció como había entrado, dejando el eco de sus atropelladas palabras.

"A ése téngale cuidado, compañero. Se llama *Palitos* y siempre está tramando alguna chingadera", me dijo alguno. No me ocupé en pedir más detalles y ya lo había olvidado por completo cuando volvió a aparecer de repente en medio de mi siesta:

"Mi jefecito, le hacen falta unas cortinas para la ventana. Tengo un cuate que me vende unas retebaratas... a ver si las compra, ¿no?

"¿En cuánto?", le pregunté.

"Siete pesos, mi estimado. ¿Se las traigo?"

Le di un billete de diez pesos y salió corriendo. No volvió en varios días. Le comenté el asunto a un compañero ducho en la vida diaria del penal. "Pero a quién se le ocurre ir a darle diez pesos y tragarse esa historia de las cortinas. ¿No sabe que *Palitos* necesita reunir cada día cerca de 16 pesos para comprar su droga y para ello se vale de cuanta argucia pueda imaginar su mente de hábil ratero?" Recordé entonces la mirada acuosa y vaga de sus grandes ojos asombrados por la urgencia de la droga, el temblor que le recorría el cuerpo, la atropellada rapidez con que hablaba, como quien libra una carrera contra el tiempo, que se va cerrando implacable sobre el débil ser que pide a gritos esa segunda vida, sin la cual no puede existir.

Algunas semanas más tarde volvió *Palitos* a visitarme. Había encontrado una mina inexplotada de ingenuidad y ni siquiera se molestó en explicarme lo sucedido con los diez pesos. Debía tener ya una dosis de heroína que le permitía actuar con relativa tranquilidad y le daba al mismo tiempo cierta disposición comunicativa de quien quiere conversar mientras le llega el sueño. Fue entonces cuando me contó su vida y nos hicimos amigos.

No recordaba a su madre ni tenía la más remota idea de cómo había sido ni quién era. Su primer recuerdo eran las noches que pasaba debajo de una mesa de billar en un café de chinos. Allí dormía envuelto en periódicos recogidos en las calles y a la salida de los cines. Según él, tenía entonces seis años. A los ocho cuidaba un puesto de periódicos y revistas en Reforma, mientras el dueño iba a almorzar y a comer. Fue entonces cuando fumó por primera vez marihuana: "Me quitaba el hambre y me hacía sentir muy contento y muy valedor." A los once fumaba ya seis cigarrillos diarios. Por ese tiempo entró a formar parte de una banda de carteristas que operaba en Madero y 5 de Mayo. Para "trabajar" necesitaba estar "grifo" y, a buena cuenta de los cigarrillos que se fumaba, servía a sus jefes con una habilidad y una rapidez que bien pronto le dieron fama. Un día cayó en una redada. Lo llevaron a la delegación de policía y allí lo examinó el médico. "Intoxicación aguda por narcótico" fue el dictamen, y lo llevaron a un reformatorio de menores. De allí se escapó a los pocos meses y, escondido en un vagón de carga del ferrocarril, fue a dar a Tijuana.

Tijuana es la frontera. El paraíso de los narcotraficantes y los tahúres, el vasto burdel que opera día y noche al ruido ensordecedor de las sinfonolas y bajo las luces de mil avisos de neón. Tijuana es el absceso de fijación que hace posible el trabajo ordenado del resto de la rica región californiana y que permite que millones de norteamericanos vayan a desahogar allí la tensión luterana de su conciencia y a probar los nefandos pecados cuyas maravillas les hacen adivinar los furiosos sermones de sus pastores. *Palitos*, por un ordenado azar de la vida, había caído en el justo medio donde podía consumirse con mayor y más eficaz rapidez.

Allí conoció a una mujer —"mi jefa"— que lo usaba como cebo para los turistas interesados en *something special* al tiempo que como amante ocasional, cuando los dos caían semanas enteras en la ardua excitación de la heroína, de la que se sale como de una profunda zambullida. Ella fue la que le hizo probar el opio. Y aquí era de ver la mirada espantada de *Palitos* al recordar las pesadillas que le produjeron las primeras pipas. Tal como él lo narraba, parece que el poder de exictación del opio superaba su breve bagaje de imaginaciones y recuerdos sensoriales y, en lugar de proporcionarle placer alguno, le llenaba el sueño de pavorosos monstruos que lo agobiaban en el terror primario de lo desconocido, y le arrastraban los sentidos hacia comarcas tan lejanas de toda posibilidad de comparación con su mezquina experiencia, que, en lugar de ensancharle el territorio del ensueño se lo distorsionaba atrozmente. No resistió mucho tiempo y tuvo que dejar el opio y con él a su "jefa", de la cual se llevó algunas cosas que fueron a parar a la tienda de empeño.

Al regresar a México volvió a entablar amistad con los carteristas, pero ya traía el prestigio de su viaje y el que le diera entre sus antiguos conocidos el haber vivido en Tijuana. Ya no trabajaba a cambio de droga. Cobraba en efectivo y compraba todas las dosis que le hacían falta. Sin ella no podía trabajar. Con ella adquiría una coordinación de movimientos y una velocidad de imaginación que lo hacían prácticamente invulnerable.

Hasta cuando un día planeó el golpe increíble, la jugada maestra. Compró unos pantalones de paño azul oscuro, una impecable camisa blanca y unos muy respetables zapatos negros. Se fue a unos baños turcos y de allí salió convertido en un pulcro muchacho de provincia, en uno de sus hijos consagrados que trabajan desde muy jóvenes para ayudar a sus padres y pagar el colegio de sus hermanas. La ascética expresión de su rosto le servía a la maravilla para completar el papel. Consiguió un maletín de esos que usan los agentes viajeros para guardar y exhibir las muestras de su mercancía, y con él en la mano entró a la más lujosa joyería de Madero. Esperó unos momentos a que el público se familiarizara con su presencia y, de pronto, con serenidad absoluta y seguros ademanes, comenzó a desocupar una vitrina del mostrador. Brazaletes de diamantes, relojes de montura de platino, anillos de esmeralda, aderezos de zafiros, todo iba a parar al maletín de *Palitos*. Nadie sospechó algo anormal, todos creyeron que se trataba de renovar el muestrario de la vitrina y los empleados pensaron que sería un nuevo muchacho puesto a prueba por la gerencia. Cuando llenó su maletín, *Palitos* lo cerró cuidadosamente y se dirigió hacia la puerta con paso firme y tranquilo. En ese momento entraba el gerente de la firma, y por rara intuición que tienen los dueños de tales negocios cuando algo marcha mal, se lanzó sobre *Palitos*, le arrebató la maleta y lo puso en manos del detective de la joyería. Al hacer inventario del botín se calculó que valía cerca de tres millones de pesos... "Yo ya tenía la *transa* para venderlo todo por cinco mil pesos... Droga para dos meses, mi jefecito. ¡Me amolaron regacho!"

Cuando llegó a Lecumberri y pasó por el examen médico, fue asignado a la crujía "F", la de los adictos a las drogas. Y allí esperaba el resultado de su proceso desde hacía tres años, durante los cuales se asimiló tan perfectamente a la vida de la crujía que, aunque le hubieran dejado libre, se habría ingeniado de manera de "echarse otro juzgado" para seguir allí.

Su delirante rutina comenzaba a las seis de la mañana. Vendía el pan del desayuno y la mitad del atole y con esto comenzaba a reunir la suma necesaria para proveerse de droga. Todas las malicias de la picaresca, todos los vericuetos de la astucia, todas las mañas en un esfuerzo gigantesco para lograr esa suma. Sin embargo, nunca le faltó "su mota y su tecata", que son los nombres que en Lecumberri se les da a la marihuana y a la heroína.

Últimamente había logrado la productiva amistad de un afeminado "cacarizo" —como se llama a los presos que gozan de especiales prerrogativas a cambio de trabajos en las oficinas del penal— que le pagaba suntuosamente sus favores. En una riña causada por los celos de su protector, le habían dado esta mañana una certera puñalada en el corazón, en plena fila y mientras pasaban lista en la crujía. Se fue escurriendo ante los guardias que miraban asombrados el surtidor de sangre que le salía del pecho con intensidad que decrecía desmayadamente a medida que la vida se le escapaba en sombras que cruzaban su rostro de mártir cristiano.

Ahora, allí tendido, me recordó un legionario del Greco. La dignidad de su pálido cadáver color marfil antiguo y la mueca sensual de su boca, resumían con severa hermosura la milenaria "condición humana".

Al tobillo le habían amarrado una etiqueta, como esas que ponen a los bolsos y carteras de mano de los viajeros de avión, en la cual estaba escrito a máquina: "Antonio Carvajal, o Pedro Moreno, o Manuel Cárdenas, alias: *Palitos*. Edad 22 años." Y debajo, en letras rojas subrayadas: "Libre por defunción."

IV

HACIA las seis cayeron ayer las primeras gotas. Estábamos en el campo deportivo y en el polvo seco se fueron haciendo manchas. Yo seguí dando la vuelta al campo. Era el único ejercicio que me devolvía en parte alguna tranquilidad. La mezclilla áspera del uniforme se fue empapando y una sensación de frescura se me pegó a la piel. La lluvia caía ya torrencialmente. Lavaba el piso del campo y saltaba entre el lodo fresco y humeante. Lavaba las paredes de tezontle, corría a torrentes sobre la placa que recuerda el asesinato de Madero, lavaba los brillantes abrigos de caucho de los guardias, la roja torre metálica del polígono, los patios, las cocinas. Insistente, reunida en alegres torrenteras, empezó a llevarse toda la miseria de nuestros días, toda la crueldad, el hambre, el delirio, la sorda y mezquina furia de los guardias. Todo se lo fue llevando la lluvia hasta que fuimos quedando sin otra cosa que nos separara del aire viajero que corre por entre las complicadas construcciones de Lecumberri, que el agua transparente que caía de lo más alto del cielo, del rincón en donde nos esperaba la libertad como una loba rabiosa que busca a su hijos.

"A clavarse, cabrones... ¡clávense... clávense...!" —los gritos de los guardias, al oscurecer la tarde, nos despertaban del malsano delirio en que nos sumiera el agua que seguía cayendo terca, generosa, desordenada. Nadie puede circular por las crujías cuando cae la lluvia en la noche. Ni los mayores, ni los ayudantes, ni los más "cacarizos"[1] pueden andar por fuera.

"Apándense, chingaos. ¿Qué no oyeron?" —El jefe del rondín desde las rejas exteriores recorre con su linterna hasta los últimos rincones de las crujías.

La lluvia da malas ideas. La lluvia no pertenece al cerrado dominio de los días del penal. Hay que encerrar a los presos, antes de que se les suba a la cabeza como un licor salvaje y comiencen a hacer tonterías. Los centinelas, a cada apagón de la luz que precede a un relámpago, gritaban su número: "¡Seis, alerta! ¡Siete, alerta! ¡Ocho, alerta!", y siguen los 21 números que cercan nuestra vida y vigilan cada paso, cada mirada. Como los rayos se suceden en largas y entusiastas series, los centinelas vuelven a comenzar coreados por el trueno que retumba en las paredes metálicas de las celdas, en los techos de cinc

---

[1] Influyentes.

carcomido, en las duras literas de cemento o de hierro. Todos estamos encerrados. Sólo los guardias, dueños y amos de nuestro mundo, recorren el redondel, entran a las crujías y, por rutina, golpean con las culatas de sus rifles en las puertas.

"¡Pancho!" "¡Laguna!", contestan en la celda contigua a la mía. "Como fumes mota te parto la madre." "No, mi sargento, hoy no tengo, mi sargento." "¡Ya te conozco, hijo de la chingada! Te fumas hasta la semilla." "No tenga cuidado, mi sargento." Pancho me dijo, cuando regresábamos del campo: "Ahora es cuando, ñeris. Voy a cotorrear el puntacho con mis cuates. Nos van a apandar toda la noche y el rondín tiene mucho trabajo."

Ya sabía yo lo que llaman cotorrear el puntacho. Una ronda interminable de marihuana que se prolonga toda la noche por entre los delirios y los saltos mortales de una imaginación que busca su salida desde hace siglos, liberándose de calles, iglesias, escuelas, leyes, máquinas, trajes, armas, dinero... Un volver a cierto denso cauce antiguo en donde las palabras sirven para nombrar cosas, hechos, sentimientos enterrados profundamente y que los presos mismos no conocen ni logran identificar, en la vigilia, con nada que les sea familiar.

Cuando se fueron los guardias, siguió lloviendo sin parar, toda la noche. Los relámpagos se alejaron hacia Texcoco y los centinelas volvieron a su alerta acostumbrada cada cuarto de hora. El agua corría por las canales, escurría por los techos, rodaba y saltaba en los patios. Tendido de espaldas en mi litera, sin poder dormir, tuve la impresión de que el penal había comenzado a navegar sobre las aguas innumerables y nutridas que caían del cielo y que viajábamos todos hacia la libertad, dejándonos atrás jueces, ministerios, amparos, escribientes, guardianes y todas las demás bestias que se pegan a nuestras carnes sin soltar la presa y dan ciegas cabezadas de furia para destrozarnos. Un aire fresco pasó toda la noche por entre los barrotes de mi ventana.

A ratos, oía a Pancho, mi vecino, o a uno de sus compañeros, que transitaban los escondidos caminos de su ser guiados por la mano segura de la hierba.

Fue esa noche cuando mataron al viejito Rigoberto, encargado de la "talacha" en nuestra crujía y que nos hacía los mandados a la tienda. La primera vez que lo vi, recogía en nuestro baño los vidrios de un foco que había reventado por el vapor. Le pregunté su nombre y por qué estaba allí. "Me llamo Rigoberto Vadillo, para servir a Dios y a usted, señor. Soy el nuevo fajinero. Dígame qué se le

29

ofrece y se lo traigo luego." No se me ofrecía nada en ese momento y me quedé un rato conversando con él. Tenía una cara pequeña, con la piel arrugada y oscura como la cáscara de una nuez que hubiera estado mucho tiempo sepultada entre la hojarasca húmeda del campo. Sus ojos negros, profundos, acuosos, inquietos, me miraban de arriba abajo con cierta mezcla de temor y malicia. Unos pelos blancos le brotaban a trechos en la barbilla y en el labio. Cuando se remangó la chaqueta para secar las jergas húmedas con las que recogió los últimos vidrios, le vi las venas del antebrazo carcomidas, tumefactas y palpitantes por el uso de la droga. Era la "tecata" la que sostenía en sus ojos esa llama insomne de otro mundo. "Pos ni modo que se lo niegue, jefecito. Yo sí soy tecatero. Pero soy honrado y a nadie hago mal ni con nadie me meto. No es la primera vez que caigo y me gusta evitar las dificultades."

Esa noche supe algo más de Rigoberto por algunos que lo conocían de hacía muchos años. Contaba 27 entradas a la penitenciaría, todas por homicidio o "portación de arma prohibida". Tenía 65 años y había nacido en Jalapa, Veracruz. En dos ocasiones estuvo en las Islas Marías y la última consiguió fugarse después de permanecer durante 15 días encerrado en la cala de un barco, sin comida, sin agua y sin poder moverse.

Desembarcó en Mazatlán por la noche, arrastrándose como una culebra. Entumecido y medio loco, se escondió en las afueras de la ciudad hasta el día siguiente, cuando pudo andar con alguna soltura. Del largo encierro en la cala le quedó un defecto en la columna vertebral y caminaba de lado, como si estuviera ebrio. Volvió a México y allí tornó a su oficio de siempre. Rigoberto mataba por encargo. Al decir de quienes en la cárcel lo conocían y que habían requerido sus servicios, tenía en su haber más de cien muertes. Rigoberto mataba hábilmente y era muy difícil para la policía dar con su paradero, porque no tenía parientes, ni allegados, ni amigos que supieran de su vida. Una implacable intuición lo llevaba siempre adonde alguien necesitaba de su ayuda. Cumplía con el encargo y desaparecía. Las veces que cayó preso fue siempre por obra de un "chivatazo";[2] pero el chivatón siempre pagó, así fuera después de muchos años, con su vida, la traición a Rigoberto.

Tuve mucha oportunidad de hablar con él, y cuando le escogí para que arreglara mi celda y lavara mi ropa, a cambio de unos pesos a la semana, pasábamos largas horas conversando. Es decir, era Rigoberto quien hablaba, mientras yo, discretamente, trataba de man-

[2] Delación.

30

tener vivo el impulso de sus confidencias. "Al cabo usted es extranjero, mi jefecito, y cuando se vaya de aquí se le olvidará todo y no podrá amolarme." En esto se equivocó el astuto Rigoberto. Difícilmente podré olvidarle y con él a muchas cosas de este mundo de la prisión que han sido materia y savia de mi vida en estos quince meses. No; jamás olvidaré a Rigoberto, ni la noche en que lo mataron, ni la razón de su muerte. Estas cosas no se olvidan, no son asunto de la memoria, son como esas balas que se alojan en el cuerpo y viajan por debajo de la piel y van a la tumba con su dueño, y aún allí permanecen vigilando los despojos.

También en el penal Rigoberto mataba por encargo. Haciendo cuentas con él, una noche hallamos que de sus 65 años, 42 los había pasado en la Peni. Conocía como nadie todos los escondidos caminos de ese mundo y tenía un secreto y hondo prestigio entre los demás presos, y, sobre todo, entre los "conejos",[3] que conocían muy bien su historia. Me confesó que no menos de 30 de sus muertos se los había "echado" en Lecumberri. Y era notable escuchar su quebrada y monótona cantilena y oírle narrar sin violencia y hasta con cierta suavidad de abuelo, algunas de sus querellas. Tenía esa particular ternura de los indios viejos, y cuando le veía cuidar a los niños que iban jueves y domingos de visita y convertían la crujía en un jardín de juegos, me costaba trabajo relacionarlo con el implacable matador de tanta gente.

Cierta tarde, mientras leía, tendido en mi litera, adonde había ido a refugiarme en busca de un poco de frescura en medio del calor de julio que no cedía ni en las noches, Rigoberto entró a mi celda y comenzó a limpiar el polvo de mis libros y revistas. Los tomaba uno por uno, los limpiaza concienzudamente y los volvía a su puesto con esmero. Unas palabras que salieron de sus labios me sacaron de mi absorta lectura. Hablaba consigo mismo. Sus pupilas dilatadas le daban un aspecto milenario y temible y de su boca brotaba a veces una impalpable espuma que se secaba al instante en sus labios. Se acababa de inyectar y el calor debió sacarlo de su celda, donde daba el sol toda la tarde. La escrupulosidad con que limpiaba cada libro, cada objeto, le hacía parecer aún más alucinado y delirante. Me miraba sin verme, pero alguna imagen fragmentaria de ese ser acostado que lo observaba, debió despertar en un rincón de su mente una sorda urgencia de confesarse consigo mismo y con lo que de mí guardaba en lo más secreto de su ser. Y comenzó entonces un largo rosario de nombres y muertes que nunca volveré a recordar con la magni-

[3] Reincidentes.

31

tud del horror que me dejara clavado en la litera muchas horas después de que el viejo desapareció furtiva y silenciosamente, después de haber dejado relucientes todos los objetos de mi celda. Comenzó con unas torpes palabras sin sentido, y, de pronto, entró en la corriente principal de su febril letanía:

"A Pancho el panadero lo metí en el horno, y si no es por su hermana que llega y lo llama, sólo las cenizas topan.

"El padre de Luis me dio dos azules[4] para que lo palomiara a la salida de la estación. Mejor lo amarré y lo tiré al aljibe.

"La muchacha apenas si movía las piernas y cuando sentí lo que le había pasado era porque me pesaba encima la condenada. La tuve que vestir para que no se le vieran los agujeros.

"Al pinche chivatón de *el Turco* me lo eché en los baños, le quemé la cara y el pescuezo con vapor, para que no se notaran las marcas.

"*El Jarocho* se creyó el cuento de la 'tecata' y puritito polvo de las cañerías fue lo que se metió en la vena. Creyó que se iba a quedar con mi vieja toda la vida, como si yo fuera su pendejo.

"A ella la esperé tres años, hasta cuando volvió al pueblo. La llevé a la pulquería y cuando ya estaba bien jetona hice como que me la llevaba para la casa, esperé el camión lechero y se la puse en el camino. Los cabrones creyeron que la habían atropellado por venir tan ligero y echaron a correr. Yo me fui para el rancho y allí me sacó la policía, pero no pudieron comprobarme nada.

"Pinche sargento Jesús María que creyó que me podía 'calentar'[5] así nomás. Toda la noche lo estuve esperando y cuando pasó con el rondín, se devolvió a ver de dónde venía el ruido y no dio ni un grito porque le atravesé el pescuezo.

"Yo no me robé las herramientas de Pascual el peluquero, pero el muy 'chivatón' se fue a rajar a la Comandancia y ahí me tienen en la celda de castigo, la que está encima de la caldera y le hierven los animales. Cuando salí me lo cargué en la circular dos, en donde le estaba cortando el pelo a *el Turrón*.

"Los dos escuincles creyeron que de veras yo me los iba a llevar a Escuinapa para que vieran a su mamá. El mayorcito se echó a correr cuando vio que yo le machacaba la 'choya'[6] al hermano, pero lo alcancé y también hubo para él. Los enterré a la orilla del río y ni quien me dijera nada.

"Con ese dinero me volví a casar en Ensenada y puse la cantina.

---

4 Billetes de cincuenta pesos mexicanos.
5 Golpear, torturar.   6 Cabeza.

Los señores que me pagaron para que los aliviara del cura, iban a beber allí y, cuando tuve que huirme, ellos me arreglaron con la policía. El escapulario del padrecito lo tiene mi hija Cleta que es ciega y reza mucho. Yo le dije que hacía milagros.

"Al gringo me lo llevaron todavía vivo los dos jotos de la lavandería. Se lo habían cogido y perdía mucha sangre. Apareció colgado en el gimnasio y tuvimos que darle cincuenta pesos al celador para que no dijera que nos había visto entrar con él.

"A *el Chapulín* lo maté yo, por 'chivatón'. No fue Rafael, como dijeron; pero Rafael no quiso prestarme los cinco pesos para darle a mi vieja y, total, así estaba mejor.

"Fue mi compadre el que me dijo que el tendajón lo cerraban a las nueve. Y él acabó con la 'ruca'[7] tirándola por el barranco que había en la parte de atrás. Yo estaba 'miramón'[8] en la puerta y después me echaron la muerta porque mi compadre se rajó por collón.

"Si todos se juntaran y vinieran y me preguntaran que si otra vez yo haría lo mismo, pues ya me conocen y no tienen por qué creer que vaya a decir que no otra vez y, si no, que vayan donde les hagan el mandado sin estarla regando como hacen todos y al primer cuete que le ponen salen con que 'yo soy muy macho', y que yo hice, y que la chingada y la chingada... y así caen para siempre."

Sus palabras se fueron apagando y cuando volví a mirarlo ya no estaba en el cuarto. Muchas veces traté de sonsacarle más detalles sobre "sus muertos" y Rigoberto, más por ausencia de memoria y embrutecimiento causado por la droga que por malicia o recelo, no pudo coordinar cosa que tuviera algún sentido.

Antier me llamaron al polígono, y el capitán me estuvo interrogando sobre Rigoberto. Le conté lo que en el código de lealtad de los penados era permisible, y, por lo que me dijo, me di cuenta de que el viejito estaba metido en un problema gordo. Le habían encontrado droga en cantidad que superaba la dosis que solía inyectarse. Se lo llevaron a la celda de castigo y el sargento *Ojo de Carpa* lo calentó.

Cuando llegó a la crujía se fue derecho a mi celda. Por su boca sin dientes corría un hilillo de sangre y caminaba trabajosamente. Cada movimiento le sacaba un sordo quejido de lo más profundo del pecho. "Mi jefe —me dijo— a ver si usted puede hacer algo por mí, porque me van a amolar. El sargento me pegó con un tubo en los compañones y tuve que decirlo todo. Al que me dio la 'tecata' para venderla ya lo metieron a las jaulas y los otros me la jugaron re ga-

7 Anciana
8 Vigilar.

cho. Yo quiero que me lleven a la circular uno. Allá no pueden entrar. A ver si usted habla con mi mayor y me puede hacer esa avalona."

Hablé con el mayor y no recuerdo ya muy bien lo que me dijo. Lo cierto es que ayer, cuando regresé del campo deportivo y empezaba a llover, lo vi encerrarse en su celda temeroso. Ya había yo olvidado el asunto. En la cárcel, cada cual tiene sobre sí un peso tal de angustia y desesperanza, que el dolor de los otros resbala como el agua sobre las plumas de los patos.

Después vino la lluvia y, con ella, en la noche, se lavaron de mi memoria todo el sufrimiento y todo el miedo que se pega a las paredes del penal y que nos sumen en su miserable sustancia. Cuando llamaron a lista a la mañana siguiente, una fresca llovizna seguía cayendo todavía perezosamente. Nos hicieron formar en el corredor del primer piso, porque el patio estaba inundado y el agua se había entrado a las celdas de abajo y había subido hasta treinta centímetros. Acabábamos de conciliar ese profundo sueño matinal que sigue a una noche de insomnio cuando sonaron las cornetas y los tambores. Nos paramos medio dormidos y sólo hasta cuando llegó el sargento, fue cuando vimos un bulto pequeño flotando junto a la puerta de los baños. Al principio creí que fuese un uniforme con el que trataran de tapar alguna rendija. El sargento, con sus altas botas de caucho, le dio una patada al montón de trapos y vimos que era el viejo Rigoberto. Su carita, más arrugada aún por la muerte, tenía algo de raíz o de metal oxidado. Sus manos se agarraban aún al estómago, por donde le salía un hilillo rosa que teñía levemente el lodo en donde flotaba el cadáver.

Fueron a la enfermería y vinieron con una camilla. Desnudaron a Rigoberto, le entregaron el uniforme al mayor para que lo descargara de su relación y se llevaron el cuerpo. Cuando pasó frente a mí, le vi la piel amarilla y fofa cruzada de antiguas y caprichosas cicatrices. Sobre el corazón tenía tatuada una mujer desnuda, con la cabeza de un gato en el lugar del sexo. Casi nada quedaba de Rigoberto. La muerte se llevó lo poco que tenía de hombre y dejó solamente ese insípido bagazo producto de tantos años de prisión, de heroína y de lucha estéril contra sargentos y "chivatones".

Nadie se apiadó de él, no volví a oír su nombre para nada. Solamente yo habré de recordarlo cada vez que un relámpago me despierte en medio de la noche, o que la lluvia caiga sobre mi vigilia de hombre libre.

34

V

En medio de la niebla caliente de los baños de vapor, entre los cuerpos lastimados y desnudos, envuelto en el perfume barato de los jabones y las cremas para rasurar, entre gritos y risas anónimos, ensordecido por el ruido del agua que cae y corre por el piso y ruge en los tubos, se recobra la libertad; una libertad aparente, falsa, es cierto, pero que renueva y fortalece nuestras fuerzas para resistir el peso de la prisión. Desnudos, sin uniforme, sin letras ni números, volvemos a tener nuestros nombres y hablar de nuestra vida de "afuera", de la gozosa materia de nuestros días de hombres libres, a la que nunca se alude en otro sitio de la prisión, para que no la absorba y contamine la fea grasa miserable que todo lo mancilla y enmohece y que en todo está presente. La corriente purificadora del agua y el vapor que brama al escaparse por las llaves, ahuyentan la humillante presencia del castigo.

Bajo la ducha se vuelven a cantar las canciones con las que amaron y viajaron, con las que gozaron y sufrieron los que una vez fueron libres. Ciertos nombres de mujer, ciudades, calles, sólo se escuchan en los bancos del vapor, en donde la niebla borra paredes y rejas y se pega al oscuro cemento haciéndolo impalpable e invisible. A mi lado, cuántas veces escucho una interminable evocación de circunstancias y lugares, de trozos de vida perdidos en un pasado ilusorio y por completo separado de nuestra vida presente. Nunca vemos los rostros, ni distinguimos los cuerpos que evocan con tan intensa y delirante devoción, una vida ajena a la miseria definitiva de Lecumberri.

"Dora vive en Santa Anita, compañero. En California. Donde todo son jardines y grandes quintas con su alberca y su cancha de tenis. Ella era recamarera en casa de un tipo millonario que vende yates. Yo fui chofer suyo, compañero. Manejaba un Rolls plateado que todo el mundo se volvía a mirar. Tuvimos una niña que se llama también Dora. Viví allá cinco años. El patrón me dejaba libres los sábados y los domingos y me prestaba una vieja camioneta en la que traía herramientas, matas y abonos para el jardín. Nos íbamos Dora y yo a la playa y llevábamos comida para dos días. Dormíamos debajo de la camioneta y cuando hacíamos el amor nos metíamos después al agua

35

y nos bañábamos en plena noche, cuando el mar parece de leche hirviendo y se ven muchas luces y pescados que alumbran en el fondo. Nos volvíamos a dormir, nos despertaba una ola que reventaba má; fuerte que las demás, volvíamos a amarnos y otra vez al agua. Y en el día, lo mismo, compañero. Dora era de Pennsylvania y sus padres eran alemanes. Cuando se quitaba la ropa era blanquísima, tanto que si le daba el sol casi había que cerrar los ojos. Tiene un vello dorado que le cubre todo el cuerpo como los chabacanos maduros. También fuimos varias veces a San Francisco. El patrón les vendía yates de los cultivadores hawaianos que lo esperaban en sus hoteles para cerrar el negocio. Viajaba con su mujer y una hija que estaba paralítica y no podía andar y llevaban a Dora. Yo manejaba el coche y tenía un uniforme blanco. Dora decía que parecía un oficial de marina. El patrón se iba con los hawaianos y sus familias a dar una vuelta en el yate que estaba vendiendo. Dora y yo paseábamos por la ciudad. Nos íbamos a los hoteles de la parte alta, y nos amábamos toda la tarde con las ventanas abiertas porque daban a la bahía y no nos veía nadie. Aprendí el inglés, compañero, y cuando salga quiero volver allá a ver si puedo encontrar a Dora y a la niña. Si salgo, ¿no?, porque me metieron 20 años, pero mi abogado apeló la semana pasada. Me tuve que venir porque un día choqué el Rolls y la policía me pidió los papeles. Yo había entrado chueco y el patrón estaba en Glasgow, donde compraba los yates. Me llevaron a la delegación y al otro día me mandaron a la frontera. Aquí trabajé para juntar lana y volverme. Era guía de turistas y me daban muy buenas propinas. Llevé una pareja de gringos a Xochimilco y los jijos de la chingada se pusieron un cuete tremendo, empezaron a discutir y el gringo le pegó a la vieja con una filmadora que llevaba y la mató. Cuando yo me agaché para ver qué le había pasado a la vieja, que sangraba por todas partes, el gringo se me vino encima y la chalana se volteó. Como el gringo estaba tan borracho, se ahogó. De menso había insistido en manejar yo mismo la canoa y le pagué al dueño para que me dejara. Así me ganaba unos dólares extras. Me echaron la bronca y ya van tres abogados que tengo que cambiar porque siempre acaban robándome. La niña se llama Dora; es güerita. Al comienzo la mamá me escribía, pero cuando caí me dio pena contarle y no sabe nada."

No le vi la cara. Se quedó un rato callado y después se fue a la caseta de las duchas. En el cuarto del vapor, ni las propias manos se ven claramente y los sueños flotan y giran locos entre el vapor blanquecino y ardiente.

"Yo fui a Chalpa con mi hombre que se llama Antonio y es ruletero y tiene dos hijos. Su mujer sabía que andaba conmigo y no le importaba. Todas vamos a Chalpa a la peregrinación del Santo Cristo. Vamos vestidas de mujeres y ni quién nos distinga. Nos vamos después de la misa a una cañada, entre los árboles, y allí hacemos nuestras cosas. Pero antes de la misa no. Una vez que fui sola, también vestida de mujer, el cura me hizo llamar a la sacristía y comenzó a decirme que yo hacía muy mal en ir vestido así y que si no me daba vergüenza con Dios que estaba en el altar, y cuándo había comenzado a andar así y que debía cambiar de vida. Yo sospeché lo que se traía y, cuando me metió la mano, le dije que me diera la limosna que había recogido en la misa y fue a un armario y sacó una canasta llena de monedas y con muchos billetes. Sacó dos puñados y me los dio. Le temblaban las manos y las monedas rodaron por el suelo. Lo dejé que hiciera lo que quisiera y cuando acabó le dije que si no me daba todo lo que tenía guardado, iría a la delegación del pueblo y contaría todo. Se puso furioso, pero al fin tuvo que darme todo. No me cabían las monedas en el bolso y tuve que guardar unas en el chichero que traía puesto. Quiso comenzar otra vez, pero yo ya estaba cansada y además quería irme. Volví al otro año con Antonio. Nos llevamos el coche y nos fuimos bebiendo por el camino. Iban muchos camiones con gente para el Santuario. Nos detuvimos en la orilla de la carretera y él comenzó a besarme y paró un camión y nos querían romper la madre, pero no se dieron cuenta que yo era joto, o si no, nos matan. Fuimos a la misa y allá estaban también con sus maridos *la Zarca, la Jarocha, la Güera* Soledad, la que ficha en El Delfín y el que hoy es Mayor en la Crujía 'J', que iba vestido de tehuana. Seguimos en la procesión y cuando nos hincamos ante el Cristo, el cura se me quedó mirando, me reconoció y se puso pálido. Yo me hice pendeja y me tapé con el velo. Cuando salimos nos fuimos a comer fritanga a los puestos de la plaza. Después nos fuimos al bosque y allá hicimos de todo. Yo tenía mucho miedo, porque a los que van allá en peregrinación y hacen cosas, se vuelven de piedra y se les ponen las piernas como troncos y ya por la noche se han convertido todos en árbol. Yo temblaba de miedo, pero Antonio estaba como loco y no había quien lo parara. Ya por la noche nos volvimos al pueblo y comimos buñuelos en el atrio. Me dio mucha risa porque un señor muy apretado se puso de pie y me dijo que me sentara. 'Primero las damas', dijo. Estaba medio cuete. Antonio tenía celos y no hablaba. Creyó que yo le coqueteaba al viejito catrín. Delante de todos le di un beso y se volvió a contentar conmigo. Nos regresamos por la noche y oímos el radio del coche y cantamos todo el viaje. ¡Ah, qué Antonio ése! Me lo quitó un gringo desgraciado que le regalaba puros dólares. Era muy bien dado y todas andaban como moscas tras de sus huesos. A veces me dan ganas de decirle que me venga a visitar un domingo, pero estoy muy flaca y, además, con esta cortada en la cara me acabaron de desgraciar."

Un pelo negro y largo que caía en grasientos mechones le tapaba buena parte del rostro. Unos grandes ojos verdes que chorreaban rímel y el barato maquillaje en la piel, sobre el cual resbalaba el agua, era todo lo que se reconocía del panadero afeminado que no hablaba con nadie. A pesar de sus cuarenta años bien cumplidos, todavía pesca algunos clientes los días de visita. Salió dejando un fuerte olor a brillantina barata. Usa en el baño unos calzoncitos de mujer de nylon negro.

La gran estatura de un antiguo jugador de futbol americano y renombrado polista de hacía quince años, tapó la luz que entraba por una claraboya de vidrios gruesos, protegidos por barras de hierro. Un suave olor a lavanda se esparció por el cuarto. Comenzó a rasurarse lentamente mientras silbaba trozos de *musical comedies* ya olvidadas. Terminó de rasurarse, extendió una fina toalla inglesa sobre la banca y comenzó su eterna cantilena de ajado *playboy*.

"Si no es por el lío que armaron por el cabrón ése, que al cabo unos y otros querían echarse, yo estaría ahora en la Costa Azul y no en esta pinche cárcel. En Niza tengo un apartamento con garaje y un Mercedes Benz blanco, casi nuevo. Tengo una amiga muy rica y muy jaladora y con ella voy hasta Italia y allá nos quedamos hasta cuando llega el invierno. El domingo entrante vienen dos gringas a verme. A ver si con el Mayor logro entrar aunque sea un litro de 'John Haig' y me encierro en la celda y me doy la gran fiesta. Aquí todo se arreglaba antes con lana, pero ahora están resultando muy finos y la cosa está cambiando, pero no faltará un 'mono'¹ que por un cien se arriesgue. Ahora, que no se le vaya a ocurrir venir a mamá porque entonces se amuela todo y a las gringas tengo que dejarlas en otra celda solas, porque si mi mamá llega a enterarse, me retira otra vez a los abogados y me deja aquí enterrado para toda mi pinche vida. Tengo un chamaco que es ya tan alto como yo y estudia en una academia militar de Texas. No sabe que estoy aquí y a lo mejor mi mujer se lo cuenta para sacarse el clavo de todas las que le he hecho. Pero al cabo esto es para machos y mejor sería que supiera que su papá se

¹ Policía.

sabe aguantar lo que le venga. Pero la familia de mi mujer y mi mamá son muy mochas y no entienden nada de esto."

Este gran animal de competencia, cumplidos ya sus cincuenta años, seguía viviendo como un niño bien de los alegres treintas, cuando sembraba el terror en Guadalajara y gozaba de gran prestigio en las ocho universidades de Estados Unidos que lo expulsaron por escándalos que organizaba con otros latinoamericanos. Era generoso y buen compañero y a muchos ayudó a salir, pagando los cien o los trescientos pesos de la fianza que nunca hubieran podido reunir. Sabía aguantarse con mucho temple los carcelazos pero, a veces, era un poco indiscreto.

Este es el baño llamado del Pachuco, al que se puede ir con permiso de la Comandancia. Está junto a las calderas y consta de un cuarto para desvestirse, un cuarto de duchas y uno de vapor. Lo usan únicamente los comisionados y "cacarizos" y rara vez está lleno. A menudo van también algunos guardias y, sobre todo, los sargentos. Una vez dentro pierden su calidad de guardianes y su vida, tan odiosamente segregada de la nuestra, se mezcla con las demás del penal, y mana también de ella esa sustancia de nostalgia y pesadilla con la que se nutre nuestra libertad.

Cuando en la tarde regresamos del campo deportivo, somos los últimos en usarlo. Ninguna sensación más parecida a la libertad que la de entrar en el cuarto del vapor y permanecer allí con los ojos llenos de ese gran cielo lila y transparente de octubre, y las altas ramas de los pocos árboles que a lo lejos se mecen, tras la doble muralla que rodea la ciudadela de Lecumberri. Nadie habla entonces, y todos transitamos por los mejores momentos de nuestro pasado hasta que nos muerde las entrañas la corneta que llama al rancho de las seis y despertamos a esta realidad de la prisión, que no se parece a ninguna de las otras dudosas realidades que busca el hombre por el mundo. Porque ésta existe y se asienta en el suelo, como una gran bestia que agoniza eternamente entre la fetidez de sus carnes descompuestas.

Existen también los baños generales en donde la algarabía de los "conejos", o el silencio trágico de los "chacales", condensan en su más insoportable intensidad la vida penitenciaria. En el vapor, situado en un largo pasadizo, se cumplen los viejos ritos eróticos, los castigos y los crímenes, las venganzas y las "transas"[2] con la familiaridad de una costumbre. Allí mueren los "chivatones" asfixiados, sin que nadie haya visto nada cuando llega el momento de la investigación.

[2] Tratos y negocios más o menos turbios.

39

Allí se dan cita los chillones habitantes de la Crujía "J" con sus clientes y favorecedores. Allí se pasa el reloj transado al ingenuo chofer, o la estilográfica robada al defensor de oficio. Por entre el denso vapor que huele a sudor agrio y a desinfectante, desfila una corte de los milagros sin más harapos que los de la carne desgarrada por los cuchillos o los dientes o macerada y supurante por la heroína. Cuando los baños del Pachuco están cerrados por alguna avería en las calderas o por la falta de combustible, vamos a los generales, pero nunca solos y siempre en grupo, ya sean los que jugamos volibol en el campo o algunos de la misma crujía.

Está también el baño de la Calderita. No lo conozco y no sé muy bien quién da el permiso para ir allí. Es un pequeñísimo cuartito con las duchas y el vapor juntos. "No vaya usted allá, mi Mayor", me dijo un día un compañero sin darme más explicaciones. Después supe que tiene fama de ser el escogido por los "Supercacarizos", que llevan allí a sus amigos con la complicidad de los oficiales. Nunca supe cuán cierto era el rumor, pero un sábado que fui a bañarme allí porque era el único lugar en donde había vapor, a tiempo de trasponer el umbral un guardia me gritó con voz descompuesta y airada: "¡Oiga, para dónde va, cabrón! ¡Por muy Mayor que sea, ahora no pasa nadie aquí! ¡Fuera, carajo!", e intentó golpearme con la macana. Me retiré sin decir palabra, recordando lo que me habían dicho del lugar.

Finalmente, tenemos nuestro baño de la crujía. Solamente tres crujías tienen baños de vapor: la "L", la "I" y la "K". Los de la "I" están al lado de las escaleras que dan al segundo piso de la crujía. Después de la lista de la mañana vamos todos allí, o casi todos, pues algunos, reacios al baño, guardan un pudor proverbial y crean una leyenda que da lugar a chistes e historias, siempre los mismos. Hay vapor únicamente una hora, que la aprovechamos para prolongar en medio de la cordialidad que surge entre los presos de una misma crujía, nuestra vida en común y reírnos unos de otros, y hacernos siempre las mismas bromas. A fuerza de ser nuestro, el baño de la crujía no es ya del penal y en él siempre nos sentimos un poco en casa y se olvidan las angustias de la noche, los largos insomnios, las dudas horribles y nos evoca el sempiterno fantasma de la libertad que nos envenena todas las horas.

LA MANSIÓN DE ARAUCAÍMA

Relato gótico de Tierra Caliente

Para Newton Freitas

Vien à ma volonté et je te donnerai tout ce que tu voudras excepté mon âme et l'abreviation de ma vie.

Carta de Gilles de Rais al diablo.

EL GUARDIÁN

Había sido antaño soldado de fortuna, mercenario a sueldo de gobiernos y gentes harto dudosas. Frecuentador de bares en donde se enrolaban voluntarios de guerras coloniales, hombres de armas que sometían a pueblos jóvenes e incultos que creían luchar por su libertad y sólo conseguían una ligera fluctuación en las bulliciosas salas de la Bolsa. Le faltaba un brazo y hablaba correctamente cinco idiomas. Olía a esas plantas dulceamargas de la selva que, cuando se cortan, esparcen un aroma de herida vegetal.

Al llegar no habló con nadie. Fue a refugiarse en un cuarto de los patios interiores. Allí descargó ruidosamente su mochila de soldado, ordenó sus pertenencias, según un orden muy personal, alrededor de su saco de dormir, prendió su pipa y se puso a fumar en silencio. Pasados algunos días alguien le descubrió, mientras se bañaba en el río, un tatuaje debajo de la axila derecha con un número y un sexo de mujer cuidadosamente dibujado. Todos le temían con excepción del dueño, a quien le era indiferente, y del fraile, que sentía por él una cierta adusta simpatía. Sus maneras eran bruscas, exactas, medidas y en cierta forma un tanto caballerescas y pasadas de moda.

Desde cuando llegó le fueron confiadas ciertas tareas que suponían una labor de control sobre las entradas y salidas de los demás habitantes de la mansión. Todas las llaves de cuartos, cuadras e instalaciones de beneficio estaban a su cuidado. A él había que acudir cada vez que se necesitaba una herramienta o había que sacar los frutos a vender. Nunca se supo que negara a nadie lo que le solicitaba, pero nadie tomaba algo sin comunicárselo a él, ni siquiera el dueño. De su brazo ausente, de cierta manera rígida de volver a mirar cuando se le hablaba y del timbre de su voz emanaban una autoridad y una fuerza indiscutibles.

En el desenlace de los acontecimientos se mantuvo al margen y nadie supo si participó en alguna forma en los preliminares de la tragedia. Se llamaba Paul y él mismo solía lavar la ropa a la orilla del río con un aire de resignación y una habilidad adquirida con la costumbre, que hubieran enternecido a cualquier mujer. Sus largos ratos de ocio los pasaba tocando en la armónica aires militares. Era incómodo verlo con una sola mano y ayudándose con el muñón arrancar aires marciales al precario instrumento.

EL DUEÑO

Si ALGUIEN hubiera indicado la obesidad como uno de sus atributos, nadie habría recordado si ésta era una de sus características. Era más bien colosal, había en él algo flojo y al mismo tiempo blando sin ser grasoso, como si se alimentara con sustancias por entero ajenas a la habitual comida de los hombres.

Decía haber adquirido la mansión por herencia de su madre, pero luego se supo que había caído en sus manos por virtud de ciertas maquinaciones legales de cuya rectitud era arriesgado dar fe. Se llamaba Graciliano, pero todos lo conocían por Don Graci. En su juventud había sido pederasta de cierta nombradía y en varias ocasiones fue expulsado de los cines y otros lugares públicos por insinuarse con los adolescentes. Pero de tales costumbres la edad lo había alejado por completo, y para calmar sus ocasionales urgencias acudía durante el baño a la masturbación, que efectuaba con un jabón mentolado para la barba del que se proveía en abundancia en sus muy raras escapadas a la ciudad.

La participación de Don Graci en los hechos fue capital. Él ideó el sacrificio y a él se debieron los detalles ceremoniales que lo antecedieron y precedieron. Sus máximas, que regían el orden y la vida de la casa, habían sido escritas en las paredes de los espaciosos aposentos y decían:

El silencio es como el dolor, propicia la meditación, mueve al orden y prolonga los deseos.

Defeca con ternura, ese tiempo no cuenta y al sumarlo edificas la eternidad.

Mirar es un pecado de tres caras, como los espejos de las rameras. En una aparece la verdad, en otra la duda y en la tercera la certidumbre de haber errado.

Alza tu voz en el blando silencio de la noche, cuando todo ha callado en espera del alba; alza, entonces, tu voz y gime la miseria del mundo y sus criaturas. Pero que nadie sepa de tu llanto, ni descifre el sentido de tus lamentos.

Una hoja es el vicio, dos hojas son un árbol, todas las hojas son, apenas, una mujer.

No midas tus palabras, mide más bien la húmeda piel de tu intestino. No midas tus actos, mide más bien la orina del conejo.

Apártate, deja que los incendios consuman delicadamente las obras de los hombres. Apártate con el agua. Apártate con el vino. Apártate con el hambre de los cóndores.

Si entras en esta casa no salgas. Si sales de esta casa no vuelvas. Si pasas por esta casa no pienses. Si moras en esta casa no plantes plegarias.

Todo deseo es la suma de los vacíos por donde se nos escapa el alma hacia los grandes espacios exteriores. Consúmete en ti mismo.

Otras máximas se habían borrado con el tiempo, pero la titubeante memoria del dueño hacía imposible su reconstrucción, en la cual, por lo demás, ninguno de sus huéspedes estaba interesado. La ampulosidad del estilo y su artificial concisión iban muy bien con los afelpados ademanes de aquella robusta columna de carne que movía las manos como ordenando sedas en un armario.

Tenía grandes ojos oscuros y acuosos que un tiempo debieron ruborizar a sus oyentes y que ahora producían el miedo de asistir a una abusiva y en cierto sentido enfermiza suspensión del tiempo. Sus conocimientos eran vastísimos pero nunca se le oyó citar a un autor ni se le vio con un libro en la mano. Su saber se antojaba fruto de una niñez miserable refugiada en los libros de un padre erudito o en alguna oscura biblioteca de un colegio de jesuitas.

Ya se mencionó la participación de Don Graci en los hechos, pero no está por demás agregar que, en cierta forma, todos los hechos fueron él mismo o mejor aún que él mismo dio origen y sentido a todos los hechos. Como no evadió su papel sino que sencillamente se contentó con ignorarlo, lo sucedido tomó las proporciones de una molesta infamia, hija de una impunidad incomprensible pero inevitable. Más adelante se sabrá algo sobre este asunto pero ya no con iguales palabras, ni desde el mismo punto de vista.

Don Graci nunca se bañaba solo y lo hacía dos veces cada día, una en la mañana y otra antes de acostarse. Escogía a su compañero de baño sin exigirle nada y sin dirigirse a él en forma alguna durante las largas abluciones que a veces, siempre más raras, despedían un intenso aroma mentolado.

EL PILOTO

AL PILOTO le sudaban las manos. Había sido aviador en una línea aérea que fundaron algunos antiguos compañeros suyos de la Escuela Militar de Aviación y en ese trabajo permaneció hasta cuando una gran red internacional se anexó la pequeña empresa. Buscó empleo en otras líneas pero su carácter y su aspecto hicieron que siempre fuera cortésmente rechazado. Apareció en la hacienda como piloto de una avioneta de fumigación contratada por Don Graci para combatir una plaga que amenazaba acabar con sus naranjos y limoneros, sembrados en ordenada plantación a orillas del Río Cocora. Había ya terminado su labor cuando la avioneta fue incendiada por un rayo que cayó sobre ella en una noche de tormenta. El piloto se fue quedando en la mansión sin atraer sobre sí ni el rechazo ni la simpatía de nadie. Fue *la Machiche* quien lo obligó finalmente a quedarse en forma permanente. En una de sus fugaces uniones escogió al piloto por su fino bigotito oscuro que lucía sobre una boca carnosa y bien dibujada de hombre débil. Tenía la frente estrecha; el pelo oscuro, recio y abundante, le prestaba un aire de virilidad que bien pronto se supo por entero engañoso. No que padeciera de impotencia, pero sí acusaba una marcada tendencia hacia una indiferente frigidez, que bien pronto ofendió a *La Machiche* y le enajenó su simpatía para siempre.

Rondaba por la casa con una vaga sonrisa, como excusándose por ocupar un sitio que nadie le ofrecía. Por las noches ayudaba al fraile en la contabilidad de la hacienda. Sacaba las cuentas en una redondeada y necia caligrafía de colegio de monjas. Llevaba siempre consigo el *Manual de Vuelo* de la antigua empresa en donde había sido capitán-piloto y lo repasaba minuciosamente todas las noches antes de irse a la cama. Vestía un raído uniforme color azul plomizo y llevaba una sucia gorra blanca con las insignias de la Fuerza Aérea. Se llamaba Camilo y tenía mal aliento.

Su participación en la tragedia fue primordial, consciente y largamente meditada, por razones que ya se verán o habrán de adivinarse. Fue *la Machiche* quien maquinó contra el piloto una larga e invisible intriga que lo llevó a ser, después de la víctima, el actor principal.

Había en él un tal deseo de destruirse que su propia debilidad lo llevó a tomar sobre sí la parte más delicada y decisiva del drama.

Era el autor de una canción que la víctima aprendió a cantar con la música de un ritmo de moda y que decía, más o menos, así:

> No es fuerza ser el rey del mundo,
> para escoger una mujer
> en cada tarde de verano.
> La playa tiene aguas tranquilas
> donde el sol planta sus tiendas transparentes.
> Yo espero, allí, cada mañana,
> una muchacha diferente.
> No es fuerza ser el rey del mundo,
> no es fuerza ser nadie en la vida,
> basta esperar y acariciar
> el aire claro con la frente.

Además de las discutibles calidades del intenso estribillo, lo que irritó a todos fue la expresión de vanidosa delicia del piloto cada vez que la víctima lo cantaba como si fuera la más bella canción que jamás hubiera conocido. Qué le encontraba a la letra para decirla con tan emocionada convicción fue algo que ignoraron el fraile y Don Graci, que eran los únicos entendidos en estas materias. Tal vez en esa cancioncilla se jugó el destino de todos. Quién iba a saberlo.

"LA MACHICHE"

HEMBRA madura y frutal, *la Machiche*. Mujer de piel blanca, amplios senos caídos, vastas caderas y grandes nalgas, ojos negros y uno de esos rostros de quijada recia, pómulos anchos y ávida boca que dibujaran a menudo los cronistas gráficos del París galante del siglo pasado. Hembra terrible y mansa *la Machiche*, así llamada por no se supo nunca qué habilidades eróticas explotadas en sus años de plenitud. Vivía en el fondo de la mansión y su gran cabellera oscura, en la que brillaban ya algunas canas, anunciaba su presencia en los corredores, antes de que irrumpiera la ofrecida abundancia de sus carnes.

Tenía *la Machiche* una de esas inteligencias naturales y exclusivamente femeninas; un talento espontáneo para el mal y una ternura a flor de piel, lista a proteger, acariciar, alejar el dolor y la malaventuranza. La bondad se le daba furiosamente, sus astucias se gestaban largamente y estallaban en ruidosas y complicadas contiendas, que se aplacaban luego en el arrullo acelerado de algún lecho en desorden.

La participación de *la Machiche* fue definitiva. No tanto los celos, cuanto una desorbitada premonición de los males y descaecimientos que hubieran podido venir con el tiempo, de prolongarse la situación, fue la causa que movió a *la Machiche* a gestar la idea del sacrificio con la anuencia y hasta el sabio consejo del dueño.

La Machiche era la encargada de todas las labores domésticas y no se le conocía una determinada preferencia en sus relaciones. Sólo con el gigantesco sirviente podría pensarse que hubiera cierto lazo secreto y permanente, pero jamás pudo confirmarse el vínculo con dato alguno que lo probara. Temía al fraile, despreciaba al piloto, simpatizaba con el guardián y dialogaba largamente con el dueño.

Don Graci tenía para con ella una particular paciencia y cuando la invitaba a acompañarlo en sus abluciones, todos rodeaban la amplia tina para admirar en su espléndida desnudez a *la Machiche*. Era su piel de una blancura notable y conservaba su lechosa frescura a pesar de los años. Su amplio vientre mostraba tres rollizos pliegues, señal, más bien, de una prolongada y bien explotada lujuria.

Con roncas carcajadas celebraba las abluciones del dueño, quien le echaba agua desde la elevada estatura con un recipiente de con-

50

cha. Nunca tuvieron entre sí otro contacto que no fuera el de una respetuosa aquiescencia por parte de la hembra y una vaga simpatía por parte de Don Graci. Cuando más, en lo más intenso del baño él la llamaba "La Gran Ramera de Nínive" con un tono de predicador por entero apócrifo, como es obvio. De cada uno de estos baños salía *la Machiche* con un nuevo pretendiente y a él dedicaba sus mimos y cuidados sin dejar de atender a los demás con próvida y maternal eficacia.

La Machiche andaba descalza y vestía un largo traje florido que le llegaba más abajo de las rodillas, con el escote rodeado de un cuello de volantes. No llevaba ningún adorno. Despedía un perfume agrio, matizado con un aroma de benjuí que le seguía por toda la casa.

SUEÑO DE "LA MACHICHE"

ENTRÓ a una gran casa de salud. Una moderna clínica que se levantaba a orillas de una transparente laguna de aguas tranquilas. Cruzó la puerta principal y se internó por anchos y silenciosos corredores pintados de un color crema mate e iluminados por una luz tamizada y suave que emitía un leve zumbido. Penetró por una puerta por donde decía "Entrada" y se encontró en un consultorio; un médico en traje de operar se dirigió a ella bajándose la mascarilla que le tapaba la boca: "La contratamos a usted para recortar las hierbas y líquenes que van creciendo en la sala de operaciones, en los laboratorios y en algunos corredores. No es un trabajo pesado pero sí exigimos una absoluta dedicación y responsabilidad. No podemos continuar con estas plantas y hierbas que siguen creciendo por todas partes", dijo señalando los intersticios del piso. La llevó hasta una sala de operaciones intensamente iluminada, en donde los instrumentos de níquel reflejaban la lechosa luz del quirofano, una luz otra vez acompañada de un ligero zumbido metálico y persistente. Entre los intersticios de las losas crecían líquenes imperceptibles. Comenzó a arrancar minuciosamente las pequeñas plantas y a medida que avanzaba en su trabajo se dio cuenta de que en todo aquello había una trampa. Las plantas crecían en forma persistente, continua. Pensó que jamás llegaría la hora de la cena, que si dejaba un instante su trabajo las plantas le ganarían terreno fácilmente. Advirtió que nadie supervisaba su tarea por la sencilla razón de que era una labor imposible, una confrontación absurda con el tiempo, a causa de ese continuo aparecer de las breves hojas lanosas y tibias que por todas partes brotaban con una insistencia animal e incansable. Comenzó a llorar con un manso y secreto desconsuelo, con una ansiedad que había guardado muy hondo en ella y que jamás recordara haber sentido en la vigilia.

"Y cómo quieres que haga ese viaje —le decía el piloto, que la observaba desde una amplia terraza inundada por el sol de la mañana, con una plenitud que lastimaba la vista—. Cómo quieres que me mueva de aquí, si todos saben que no sirvo para nada." El piloto sonreía dulcemente. Estaba vestido con un impecable uniforme de capitán de vuelo y se protegía los ojos con unas amplias gafas ahumadas que le daban un aire a la vez elegante y extraño. Seguía sonriéndole desde la terraza con notoria complicidad, cuando ella se dio cuenta de que, agachada como estaba, sus grandes senos estaban al descubierto. Trató de cubrirse en vano porque el peso de los pechos tornaba a abrir la bata de suave tejido de nylon que le dieran para su trabajo. Era una bata de enfermera. "¿Quieres que te ayude?", le dijo él desde lo alto con una actitud protectora que a ella le pareció por completo fuera de lugar. "Pero si tú no sabes hacerlo —le repuso ella, tratando de no lastimarlo—. No supiste hacerlo conmigo y tampoco sabes hacerlo con ella." Él le contestó: "Si lo hice una vez lo puedo hacer siempre", y partió dándole la espalda mientras saludaba a alguien que aparecía en el fondo de la terraza, alguien muy importante e investido de una inmensa autoridad y de quien dependía la suerte de todos.

Ella se estaba peinando frente a un espejo que, a medida que sus brazos se movían arreglando el pelo, se desplazaba de manera que le era muy difícil mirarse en él. En los contados instantes en que podía verse, trataba de arreglarse el peinado recogiéndose todo el cabello en una larga trenza enrollada en lo alto de la cabeza. Se daba cuenta de que era un peinado pasado de moda, con el que trataba de reconstruir una cierta época de su juventud, un cierto ambiente desteñido ya y sin identificación posible con un pasado que, de pronto, se le aparecía confuso y cargado de una tristeza sin motivo pero también sin posible consuelo. Entró el médico que la había contratado. La abrazó por la espalda y la atrajo hacia sí mientras le decía suavemente: "Lo hiciste muy bien... ven... no llores... estás muy hermosa, ven... ven...", y la ceñía con un calor que la excitaba y le devolvía, intacta, la felicidad de otros años.

EL FRAILE

Decía haber sido confesor del difunto Papa bienamado. Nadie lo hubiera creído de no haber sido por una carta que recibió un día cuyo sobre ostentaba la tiara papal con las dos llaves cruzadas debajo. La guardó sin leerla ni mostrar interés alguno por su contenido. Todos lo conocían como "el fraile" y nadie supo nunca su nombre. Fue el único en negarse a acompañar en sus baños a Don Graci, cosa que éste supo aceptar, al comienzo con cierta ironía y, luego, con sorprendente resignación.

Era hermoso y se mantenía en esa zona de la edad que fluctúa entre los cuarenta y cinco y los sesenta años, cuando el hombre parece detenerse en el tiempo y conserva siempre el mismo rostro sin cambiar jamás de figura. Era consciente de su gran prestancia física, pero no parecía estar particularmente satisfecho con ella, ni la usaba para someter a nadie al desvaído y hasta cierto punto desordenado círculo de sus asuntos.

Su participación en los hechos fue, en cierta forma, marginal y en otra capital. Cuando llegó el momento impartió su confesión a la víctima y luego increpó a los verdugos sin mucha convicción pero con fogosa oratoria. Era el autor de la Oración de la Mañana, que acabó por ser recitada por todos los moradores de la mansión, siempre a la misma hora y en el lugar en donde les sorprendiera el alba. Decía así:

Ordena ¡oh Señor! la miserable condición de mis dominios.

Haz que el día transcurra lejos de las sombras amargas que ahora me agobian.

Dame ¡oh Bondadoso de toda bondad! la clave para encontrar el sentido de mis días, que he perdido en el mundo de los sueños en donde no reinas ni cabe tu presencia.

Dame una flor ¡oh Señor! que me consuele.

Acógeme en el regazo de una hembra que remplace a mi madre y la prolongue en la amplitud de sus pechos.

Sácame ¡oh Venturoso! del amargo despertar de los hombres y entorpéceme en la santa inocencia de los mulos.

Tú conoces, Señor, mejor que nadie, la inutilidad de mis pasos sobre la tierra, no me hagas, pues, partícipe de ella, guárdamela para mi última hora, no me la proveas durante mi trabajosa vigilia.

Señor: arma de todas las heridas,
bandera de todas las derrotas,
utensilio de los sinsabores,
apodo de los lelos,
padre de los lémures,
pus de los desterrados,
ojo de las tormentas,
paso de los cobardes,
puerta de los encogidos,
¡Señor despiértame!
¡Señor despiértame!
¡Señor despiértame!
¡Señor óyeme!

Algún diligente escriba intentó copiar esta oración en los muros, al pie de las sentencias del dueño, con la anuencia de algunos y la desaprobación furiosa de éste.

"Mis palabras necesitan ser escritas —dijo— porque son la mentira y sólo escrita es ésta valedera como verdad. La oración la sabemos todos de memoria y no necesita escribirse en ninguna parte."

El fraile era el único de todos que poseía armas. Tenía una pistola Colt y un pequeño puñal de buceador. Las limpiaba constantemente y cuidaba de ellas con celo inflexible. Ni las usó, ni se deshizo de ellas cuando hubiera sido oportuno.

Así era el fraile.

SUEÑO DEL FRAILE

TRANSITABA por un corredor y al cruzar una puerta volvía a transitar el mismo corredor con algunos breves detalles que lo hacían distinto. Pensaba que el corredor anterior lo había soñado y que éste sí era real. Volvía a trasponer una puerta y entraba a otro corredor con nuevos detalles que lo distinguían del anterior y entonces pensaba que aquél también era soñado y éste era real. Así sucesivamente cruzaba nuevas puertas que lo llevaban a corredores, cada uno de los cuales era para él, en el momento de transitarlo, el único existente. Ascendió brevemente a la vigilia y pensó: "También ésta puede ser una forma de rezar el rosario."

LA MUCHACHA

LA MUCHACHA fue la víctima. Tenía diecisiete años y llegó una tarde a la mansión en bicicleta. El primero en verla y quien la recibió en la casa fue el guardián. Se llamaba Ángela.

Tenía el papel principal en un corto cinematográfico que se estaba filmando en un vasto hotel de veraneo, cuyos accionistas estaban interesados en promover la venta de lotes en una urbanización aledaña a los terrenos del establecimiento. El documental mostraba a una rubia adolescente, con el pelo suelto y un aire de Alicia en el País de las Maravillas que recorría en bicicleta todos los lugares de interés y paseaba por entre las avenidas que bordeaban los cafetales. Se bañaba pudorosamente en el río, a cuya orilla había bancas de parque pasadas de moda y quioscos para *picnic*.

La filmación había terminado y sólo permanecían en el hotel el fotógrafo de la película con sus dos hijos y algunos empleados de la producción. Ella se había quedado también y se dedicó a visitar en su bicicleta todos aquellos lugares que no estaban en el guión y que atraían su curiosidad. Uno de estos sitios era una gran casona de hacienda dedicada al cultivo de los cítricos y a la cría de faisanes y gansos. Era la mansión.

A primera vista parecía una belleza convencional del cine. Rubia, alta, bien formada, con largas piernas elásticas, talle estrecho y nalgas breves y atléticas. Los pechos firmes y el cuello largo, siempre inclinado a la izquierda con un gesto harto convencional, completaban la imagen de la muchacha que se ajustaba perfectamente a su papel en la película.

Sólo los ojos, la mirada, no se avenían al conjunto. Tenían una expresión de cansancio felino y siempre en guardia, algo levemente enfermizo y vagamente trágico flotaba en esos ojos de un verde desteñido que miraban fijos, haciendo sentir a los demás por completo ajenos e ignorados por el mundo que dejaban a veces adivinar tras su acuosa transparencia tranquila.

Su padre había sido un abogado famoso que se suicidó un día sin razón alguna aparente, aunque luego se supo que sufría de un cáncer en la garganta que había ocultado hasta cuando el dolor comenzó a traicionarlo. Su madre era una de esas bellezas de sociedad que, sin per-

57

tenecer a una familia renombrada, frecuentan el gran mundo merced a su hermosura y a cierta rutina de buenas maneras que oculta toda probable vulgaridad o aspereza de educación. Al quedar viuda, la breve fortuna que heredara se le escapó de entre las manos con esa ligereza que suele acompañar a las bellezas tradicionales. La muchacha comenzó a trabajar como modelo y empezaba ahora su carrera en el cine con papeles modestos en comedias musicales. Tenía un novio que estudiaba medicina y había sido iniciada en el sexo por uno de los electricistas de los estudios, por quien sentía esa pasión desordenada y sin amor que nos une siempre con quien nos ha develado el placer hasta entonces desconocido y lejano. Le gustaba hacer el amor, pero se sentía extraña y ajena a sí misma en el momento de gozar y, en ciertas ocasiones, llegaba a desdoblarse en forma tan completa que se observaba gimiendo en los estertores del placer y sentía por ese ser convulso una cansada y total indiferencia.

El guardián, curtido por su vida de mercenario y su familiaridad con la muerte y la violencia, se sintió, sin embargo, apresado de inmediato por los ojos de la visitante y la dejó entrar, olvidando las estrictas instrucciones que impartiera Don Graci respecto a los forasteros y la tácita norma que regía en la mansión en el sentido de que el grupo ya estaba completo y ningún extraño sería jamás recibido en él. El romper ese equilibrio fue tal vez la causa última y secreta de todas las desgracias que se precipitaron sobre la mansión en breve tiempo.

SUEÑO DE LA MUCHACHA

RECORRÍA en bicicleta los limonares a la orilla del río. Sabía que en la realidad era imposible hacerlo, pero en el sueño y en ese momento no encontraba dificultad alguna. La bicicleta rodaba suavemente pisando hojas secas y el húmedo suelo de las plantaciones. El aire le daba en la cara con una fuerza refrescante y tónica. Sentía todo su cuerpo invadido de una frescura que, a veces, llegaba a producirle una desagradable impresión de ultratumba. Entraba a una iglesia abandonada cuyas amplias y sonoras naves recorría velozmente en la bicicleta. Se detuvo frente a un altar con las luces encendidas. La figura del dueño, vestido con amplias ropas femeninas de virgen bizantina, estaba representada en una estatua de tamaño natural. La rodeaban multitud de lámparas veladoras que mecían suavemente sus llamitas al impulso de una breve sonrisa de otro mundo. "Es la virgen de la esperanza", le explicó un viejecito negro y enjuto, con el pelo blanco y crespo como el de los carneros. Era el abuelo del sirviente, que le hablaba con un tono de reconvención que la angustiaba y avergonzaba. "Ella te perdonará tus pecados. Y los de mi nieto. Enciéndele una veladora."

EL SIRVIENTE

CRISTÓBAL, un haitiano gigantesco que hablaba torpemente y se movía por todas partes con un elástico y silencioso paso de primate, era el sirviente de la mansión. Compraba los alimentos en el moderno supermercado de la urbanización vecina al hotel y bajaba a vender las naranjas y los limones a los mayoristas que citaba en la estación del tren. El negocio dejaba amplias ganancias a Don Graci.

Cristóbal, un negrazo cauteloso y dulce que trajera el dueño en una de sus pasadas correrías, hacía ya muchos años, se rumoraba que en días ya olvidados atendiera ciertos caprichos de Don Graci con esa indiferencia apacible con que su raza cumple con las urgencias del sexo. Pero si Don Graci había prescindido de los servicios íntimos del negro, no así de su siempre eficaz servidumbre en los asuntos de la casa. Lo heredó *la Machiche*, quien buscaba en él esa satisfacción última y completa que una vida de largo libertinaje le hiciera tan difícil hallar. No sentía por Cristóbal ningún afecto ni éste mostraba por ella pasión alguna. Se unían con una furiosa ansiedad, allá, cada dos meses. Se encerraban en el cuarto de Cristóbal, que estaba contiguo al del fraile, para desesperación e irritado insomnio de éste. Los largos suspiros de *la Machiche* y los furiosos ronquidos del negro se sucedían en una serie muy larga de episodios, interrumpidos por risas y sollozos de placer.

Cristóbal había sido macumbero en su tierra natal, pero ahora practicaba un rito muy particular, con heterodoxas modificaciones que contemplaban la supresión del sacrificio animal y en cambio propiciaban largas alquimias vegetales. Los olores de hierbas maceradas, que salían de su cuarto en ciertos días, invadían toda la casa, hasta cuando Don Graci protestaba: "Díganle a ese negro de mierda que deje sus brujerías o nos va a ahogar a todos con sus sahumerios del carajo."

Cristóbal tuvo en su momento una providencial participación en los hechos. Su agudo instinto natural lo llevó hacia la muchacha con certera intuición del verdadero carácter de aquélla. Supo prescindir de la mirada ausente de la joven y cuando la llevó al lecho, ella no logró desdoblarse como era su costumbre, sino que se lanzó de lleno al torbellino de los sentidos satisfechos y salió purificada y tranquila de la prueba. Pero allí fue su perdición, tal fue la inicial premonición de su posterior sacrificio.

El sirviente era buen amigo del fraile, con quien se entendía en un francés con acento isleño. Pero era tal vez con el piloto con quien mejor amistad llevaba y solía acogerlo con una protectora actitud de hermano mayor, de la que se valía el antiguo aviador para detentar ciertos privilegios en las comidas y algunos cuidados suplementarios tales como agua caliente para afeitarse y sábanas limpias cada semana. Con Don Graci conservaba Cristóbal el ascendiente de quien antaño tuviera a raya los deseos del robusto propietario. Por el guardián sentía el negro ese sordo rencor de su raza nacido cuando el primer blanco con casaca militar pisó tierra africana. No se dirigían la palabra, pero jamás dieron muestra exterior de su mutua antipatía, de no ser en ocasiones cuando una orden brusca y cortante del soldado era recibida con un socarrón "Oui Monsieur le para".

Los jueves de Corpus Cristóbal preparaba un exquisito y condimentado caldo de gallina y las mejores presas iban siempre a los platos del piloto y *la Machiche*. Cuando servía ese día a la mesa, el negro recitaba una larga salmodia de la cual se conservan algunos apartes. Decía, por ejemplo:

Alabá bembá
en nombre del Orocuá
la gallina se coció.
Para el que quiera gozá
Cristóbal la cocinó.
La sirvió y·no la comió
la comió y no la probó
porque el negro la mató,
la mató a la madrugá,
hoy el sol no la miró.
Aracuá del borocué,
ánima del gran Bondó
que me perdone el bundé.

La retahíla continuaba inagotable y todo el día estaba Cristóbal triste, irritable y suspiraba con infantil melancolía.

Era zurdo.

LA MANSIÓN

EL EDIFICIO no parecía ofrecer mayor diferencia con las demás haciendas de beneficio cafetero de la región. Pero mirándolo con mayor detenimiento se advertía que era bastante más grande, de más amplias proporciones, de una injustificada y gratuita vastedad que producía un cierto miedo.

Tenía dos pisos. Un corredor continuo en el piso superior rodeaba cada uno de los tres patios que se sucedían hasta el fondo. El último iba a confundirse con los naranjales y limoneros de la huerta. En el piso alto estaban las habitaciones, en el bajo las oficinas, bodegas y depósitos de herramienta. En los patios empedrados retumbaba el menor ruido, se demoraba la más débil orden y murmuraba gozosamente el agua de los estanques en donde se lavaban las frutas o se despulpaba el café. Estos eran los únicos ruidos perceptibles al internarse en el fresco ámbito nostálgico de los patios.

No había flores. El dueño las odiaba y su perfume le producía una molesta urticaria en las palmas de las manos y en los muslos.

Las habitaciones del primer patio estaban todas cerradas con excepción de las que ocupaba el guardián, quien, como ya se dijo, había dejado sus pertenencias en el suelo y allí permanecían en ese orden transitorio y precario de las cosas de soldado. Los otros cuartos, cinco en total, servían para albergar viejos muebles, maquinaria devorada por el óxido y cuyo uso era ignorado por los actuales ocupantes de la casa, grandes armarios con libros de cuentas y viejas revistas empastadas en una tela azul monótona e impersonal.

En habitaciones opuestas del segundo patio vivían *la Machiche* y el piloto, y allí fue a refugiarse la muchacha la primera noche que pasó en la mansión en condiciones que ya se sabrán. En el último patio vivían Don Graci, el sirviente y el fraile. La habitación del dueño era la más amplia de todas, estaba formada por dos cuartos cuya pared medianera había sido derribada. Un gran lecho de bronce se levantaba en el centro del amplio espacio y lo rodeaban sillas de la más variada condición y estilo. En un rincón, al fondo, estaba la tina de las abluciones que descansaba sobre cuatro garras de esfinge labradas laboriosamente en el más abominable estilo fin de siglo. Dos cuadros adornaban el recinto. Uno ilustraba, dentro de cierta inge-

62

nua concepción del desastre, el incendio de un cañaveral. Bestias de proporciones exageradas huían despavoridas de las llamas con un brillo infernal en las pupilas. Una mujer y un hombre, desnudos y aterrados, huían en medio de los animales. La otra pintura mostraba una virgen de facciones casi góticas con un niño en las rodillas que la miraba con evidente y maduro rencor, por completo ajeno a la serena expresión de la madre.

La mansión se levantaba en la confluencia de dos ríos torrentosos que cruzaban el valle sembrado de naranjos, limoneros y cafetos. La cordillera, alta, de un azul vegetal profundo, mantenía el valle en sombras en una secreta intimidad vigilada por los grandes árboles de copa rala y profusa floración de un color púrpura, que nunca se ausentaba de la coronada cabeza que daban sombras a los cafetales.

Una vía férrea construida hacía muchos años daba acceso al valle por una de las gargantas en donde se precipitaban las aguas en torrentoso bullicio. Los ingenieros debieron arrepentirse luego de un trazado tan ajeno a todo propósito práctico y desviaron la vía fuera del valle. Dos puentes quedaron para atestiguar el curso original de la obra. Aún servían para el tránsito de hombres y bestias. Estaban techados con láminas de cinc, y cada vez que pasaban las recuas de mulas de la hacienda el piso retumbaba con fúnebre y monótono sonido.

La hacienda se llamaba "Araucaíma" y así lo indicaba una desteñida tabla con letras color lila y bordes dorados colocada sobre la gran puerta principal que daba acceso al primer patio de la mansión. El origen del nombre era desconocido y no se parecía en nada al de ningún lugar o río de la región. Se antojaba más bien fruto de alguna fantasía de Don Graci, nacida a la sombra de quién sabe qué recuerdo de su ya lejana juventud en otras tierras.

LOS HECHOS

EL GUARDIÁN llevó a la joven hasta el segundo patio de la casa y llamó a gritos a *la Machiche* para que se hiciera cargo de ella. La muchacha pedía que le permitieran lavarse la cara y arreglarse un poco antes de seguir su paseo, pero en sus ojos se notaba la curiosidad por husmear y conocer más de cerca el lugar que le atraía.

Las dos mujeres se enfrentaron en el corredor de abajo. *La Machiche*, desde la parte alta, miraba a la muchacha que esperaba al lado del guardián en el patio empedrado. Observaba la opulenta humanidad de esa hembra agria y desconfiada, que la examinaba a su vez, no sin envidia ante la agresiva juventud que emanaba del joven cuerpo como un halo invisible pero siempre presente.

"Esta muchacha quiere saber dónde queda el baño" —explicó el guardián sin muchos miramientos y se alejó sin esperar la respuesta.

"Venga conmigo" —le indicó *la Machiche* a la joven, quien la siguió por los corredores del segundo piso hasta una estrecha estancia en donde una palangana y un trípode hacían las veces de baño. En el fondo, detrás de una mugrienta cortina rosada, estaba el excusado con su tanque alto comido por el óxido y el moho. "Aquí se puede lavar la cara y si necesita otra cosa, el excusado está detrás de la cortina. Si lo va a usar cierre primero la puerta" —y la dejó en medio del zumbido de los mosquitos y el húmedo silencio de la estancia.

Cuando hubo terminado de arreglarse, la joven salió al corredor y se encontró de manos a boca con el piloto, que llevaba con aire apresurado unos papeles. Se quedó sorprendido ante la aparición de la visitante y con esa sonrisa fácil y acogedora que se le colocaba en el rostro, casi sin él proponérselo, la saludó con lo que a ella le pareció, después de la acogida del guardián y *la Machiche,* el colmo de la amabilidad. Hablaron un rato recostados en el barandal que daba al gran silencio del patio que se oscurecía con las sombras de la tarde.

El piloto invitó a la muchacha a que se quedara esa noche en la mansión, ya que empezaba a caer la noche y el camino de regreso al hotel se haría intransitable en bicicleta. Ella aceptó con esa ligereza de quien se entrega al destino con la ciega confianza de un animal sagrado.

No es fácil reconstruir paso a paso los hechos ni evocar los días que

64

la muchacha vivió en la mansión. Lo cierto es que entró a formar parte de la casa y comenzó a tejer la red que los llevaría a todos al desastre, sin darse cuenta de ello, pero con la inconsciencia de quien se sabe parte de un complicado y ciego mecanismo que gobierna cada hora de la vida.

Durante dos noches durmió en el mismo cuarto con *la Machiche*. Luego resolvió irse a dormir con el piloto, cuya cordialidad fácil le atraía y cuyas historias de países visitados durante una sola noche le sedujeron en extremo. Cuando, a pesar de las caricias interminables que la dejaban en una cansada excitación histérica, el piloto no pudo poseerla, lo dejó y se fue a dormir sola a un cuarto del segundo patio, contiguo a una habitación que usaba el fraile como cuarto de estudio. No tardaron los dos en hacer una amistad construida de sincero afecto y de una sorda y profunda comprensión de la carne. El fraile la desnudaba en su estudio y hacían el amor en los desvencijados sillones de cuero o sobre una vasta mesa de biblioteca llena de papeles y revistas empolvadas.

Al fraile le encantaba la franca y directa disposición de la muchacha para mantener sus relaciones al margen de la pasión y a ella le seducía la serena y sólida firmeza del fraile para evitar todo rasgo infantil, banal o simplemente débil, comunes a toda relación entre hombre y mujer. Copulaban furiosamente y conversaban en amistosa y serena compañía.

Fue el dueño, Don Graci, quien, con la envidia de los invertidos y la gratuita maldad de los obesos, incitó al sirviente en secreto para que sedujera a la muchacha y se la quitara al fraile. En efecto, el negro la esperó un día cuando ella iba a bañarse en una de las acequias que cruzaban los naranjales. Tras un largo y doliente ronroneo la convenció de que se le entregara. Ese día la joven probó la impaciente y antigua lujuria africana hecha de largos desmayos y de violentas maldiciones. Desde ese día acudió como sonámbula a las citas en la huerta y se dejaba hacer del sirviente con una mansedumbre desesperanzada. Le contó al fraile lo sucedido y éste siguió siendo su amigo pero nunca más la llevó al estudio. No obró así a causa del miedo o la prudencia, sino por cierto secreto sentido del orden, por una determinada intuición de equilibro que lo llevaba a colocarse al margen de un caos que anunciaba la aniquilación y la muerte.

La Machiche, al comienzo, se hizo la desentendida sobre las nuevas relaciones de la joven y nada dijo. Seguía acostándose con el negro cuando lo necesitaba y por entonces traía un deseo creciente de seducir de nuevo al guardián, quien la había dejado hacía ya varios años y

65

nunca más le prestara atención. Mientras *la Machiche* se interesó en el soldado las cosas transcurrieron en forma tranquila. Pero una reprimenda del mercenario al sirviente vino a romper esa calma. La mutua antipatía entre los dos era evidente.

Una noche en que el guardián esperaba a *la Machiche* ésta no acudió a la cita. Por un oportuno comentario de Don Graci durante el desayuno al día siguiente, el guardián se enteró que aquélla había dormido con el sirviente. Durante el día no faltó ocasión para que se encontraran los dos y a una orden cortante y cargada de desprecio del soldado, el negro se le echó encima ciego de furia. Dos certeros golpes dieron con el sirviente en tierra y el guardián siguió su ronda como si nada hubiera sucedido. Esa noche le dijo a *la Machiche* que no quería nada con ella, que no aguantaba más la peste de negro que despedía en las noches y que su blanco cuerpo de mujerona de puerto ya no despertaba en él ningún deseo. *La Machiche* rumió varios días el desencanto y la rabia hasta cuando encontró en quien desfogarlos impunemente. Puso los ojos en la muchacha, le achacó para sus adentros toda la culpa de su fracaso con el guardián y se propuso vengarse de la joven.

El primer paso fue ganarse su confianza y para ello no encontró la menor dificultad. Ángela vivía un clima de constante excitación; su fracaso con el piloto, su truncada relación con el fraile y los violentos y esporádicos episodios con el sirviente, la habían dejado presa de un inagotable deseo siempre presente y sugerido por cada objeto, por cada incidente de su vida cotidiana. *La Machiche* percibió el estado de la joven. La invitó a compartir de nuevo su cuarto con palabras amables y con cierta complicidad entre mujeres. La muchacha aceptó encantada.

Un día que comparaban, antes de acostarse, algunas proporciones y circunstancias de sus cuerpos, *la Machiche* comenzó a acariciar los pechos de la joven con aire distraído y ésta, sin hallar escape a la creciente excitación, se quedó en silencio dejando hacer a la experta ramera. *La Machiche* comenzó a besarla y la llevó lentamente a la cama y allí le fue indicando, con ademanes seguros y discretos, el camino para satisfacer su deseo. La ceremonia se repitió varias noches y Ángela descubrió el mundo febril del amor entre mujeres.

No tardó Don Graci en conocer el asunto, por algunas frases dejadas caer por *la Machiche*, y el dueño empezó a invitar a las dos mujeres a participar en sus abluciones, con prescindencia de los demás habitantes de la mansión. Largas horas duraba el baño del frenético trío. Don Graci presidía los episodios entre las dos hembras y gustaba de hacer indicaciones, llegado el momento, para participar desde la neutralidad de sus años en los espasmos de la joven. Ésta se aficionó a *la Machiche* cada día con mayor violencia y la mujer la dejaba avanzar en el desorden de un callejón sin salida, al que la empujaba el desviado curso de sus instintos.

Cuando *la Machiche* comprobó que Ángela estaba por completo en su poder y sólo en ella encontraba la satisfacción de su deseo, asestó el golpe. Lo hizo con la probada serenidad de quien ha dispuesto muchas veces de la vida ajena, con el tranquilo desprendimiento de las fieras.

Una noche se acercó la muchacha a su cama mientras ella hojeaba una revista. Ángela empezó a besarle las espesas y desnudas piernas, mientras *la Machiche* se abstraía en la lectura o simulaba hacerlo. La mujer permaneció indiferente a las caricias de la joven, hasta cuando ésta se dio cuenta de la actitud de su amiga.

—¿Estás cansada? —le preguntó con un leve tono de queja en la voz.

—Sí, estoy cansada —respondió la otra cortante.

—¿Cansada solamente o cansada de mí? —inquirió la muchacha con ese insensato candor de los enamorados, que se precipitan por sí solos en los mayores abismos por obra de sus propias palabras.

—La verdad, chiquita, es que estoy cansada de todo esto —comenzó a explicar *la Machiche* con una voz neutra que penetraba dolorosamente en los sentidos de Ángela—. Al principio me interesaste un poco y cuando Don Graci nos invitó a bañarnos con él, no tuve más remedio que aceptar. Ya sabes, él nos sostiene a todos y no me gusta contrariarlo. Pero yo soy una mujer para machos, chiquita. Necesito un hombre, estoy hecha para los hombres, para que ellos me gocen. Las mujeres no me interesan, me aburren como amigas y me aburren en la cama y más tú que estás tan verde todavía. Ya Don Graci no nos llama para bañarse con nosotras, también él se debió aburrir de vernos hacer siempre lo mismo. Vamos a dejar todo esto por la paz, chiquita. Pásate a tu cama y duérmete tranquila. Yo lo que necesito es un macho, un macho que huela y grite como macho, no una niña que chilla como un gato enfermo. Vamos... a dormir.

Ángela, al comienzo, pensó en alguna burla siniestra; pero el tono y las palabras de la mujerona se ajustaban tan estrictamente a la verdad que bien pronto se dio cuenta de que *la Machiche* estaba hablando con irremediable seriedad. Se aterró al pensar que nunca más harían juntas el amor, rechazó la idea como imposible, pero ésta tornó a imponerse como un presente irrevocable. Fue como sonámbula hacia su lecho, se acostó y comenzó a llorar en forma persistente, inagotable, desolada. *La Machiche* se durmió arrullada por el llanto de Ángela y reconfortada en el fresco sabor de la venganza.

A la mañana siguiente el guardián entró temprano al cuarto de los aparejos y encontró el cuerpo de Ángela colgando de una de las vigas. Se había ahorcado en la madrugada subiéndose a una silla que arrojó con los pies, luego de amarrarse al cuello una recia soga.

FUNERAL

Llevaron el cadáver a la alcoba de Don Graci y allí lo tendieron en el suelo. El sirviente y el guardián fueron a la orilla del río para cavar la tumba. El dueño inquirió con el fraile los detalles de los hechos y éste lo puso al corriente de todo. Le contó que la noche anterior la muchacha había tocado a su puerta y le había pedido ayuda y que la oyera en confesión. La pobre estaba en una lamentable confusión interior y sentía que el mundo se le había derrumbado de pronto en forma definitiva.

La Machiche no estuvo presente durante el relato del fraile y se encerró en su alcoba en actitud huraña. El piloto también se ausentó antes de que el fraile comenzara su relato. Dijo que precisaba revisar algunas cuentas y le pidió al fraile las llaves de su habitación para sacar unos comprobantes. Mostraba una inquietante serenidad ante la suerte de la muchacha.

Terminado el relato del fraile, Don Graci comentó:

No sé de quién haya sido la culpa de todo esto, pero nos puede acarrear muchas dificultades, ya verá usted. Desde un principio yo me opuse a que esta muchacha siguiera viviendo con nosotros, pero como lo que yo digo aquí no se toma en cuenta y siempre acaba por hacerse lo que ustedes quieren, ahora todos vamos a tener que cargar con las consecuencias. Hay que arreglar a esta mujer antes de enterrarla.

Se refería Don Graci a la necesidad de cubrir el cuerpo, que estaba desnudo y mostraba, junto con los primeros síntomas de la rigidez una cierta madura ostentación de sus atributos femeninos. Los senos se habían desarrollado a ojos vistas con su trato con *la Machiche* y el sexo henchido se ofrecía con una evidencia que no lograban ocultar los vellos del pubis.

Entre el fraile y Don Graci lavaron el cadáver con una infusión de hojas de naranjos, indicada, según el dueño, para detener la descomposición, y lo envolvieron luego en una sábana. Estaban terminando su tarea cuando oyeron dos disparos provenientes del segundo patio. Se escuchó luego un forcejeo violento, un golpe seco y después reinó el tibio silencio vespertino. El fraile y Don Graci acudieron precipitadamente y desde el corredor vieron cómo en el patio el guardián sujetaba

69

contra el suelo al sirviente con una llave de judo que lo mantenía inmóvil. A un lado *la Machiche*, tendida en el empedrado, agonizaba con dos grandes heridas en el pecho de las que manaba, a cada estertor, una sangre oscura y abundante. Más allá yacía el piloto con el cráneo grotescamente destrozado. El fraile corrió a ayudar a *la Machique*, que, entre gorgoteos y muecas de dolor repetía con voz débil: "Tenía que ser este maricón de mierda... tenía que ser..." Don Graci fue hacia el guardián y le ordenó que soltara al sirviente, que se retorcía con el rostro contra las piedras. El soldado dejó libre al negro, quien se alejó mansamente obedeciendo a una orden de Don Graci.

"Veníamos de cavar la tumba —explicó el mercenario— cuando oímos los disparos. El piloto le había disparado a *la Machiche* y traía en la mano la pistola del fraile. El negro se le fue encima sin darle tiempo a nada y con la pala lo derribó del primer golpe. Ya en el suelo siguió golpeándolo hasta que logré inmovilizarlo. Estaba enloquecido."

El fraile se encargó de todo. Llevó con el guardián los cadáveres de las dos mujeres hasta la tumba cavada a orillas del río y los enterró juntos. *La Machiche* había muerto lanzando sordas maldiciones contra el piloto y rogando que no la dejaran morir.

El cadáver del piloto fue llevado a los hornos del trapiche. Don Graci fue por el negro para que encendiera los quemadores del horno y lo encontró en su pieza, de rodillas contra la cama, rezando frente a un retrato del rey Víctor Manuel III. Oraba en su dialecto en medio de profundos sollozos. Llorando fue hasta los hornos y mientras cebaba las calderas murmuraba sordamente: "*Machiche*... ma pettite *Machiche*... la gandamblé... *Machiche* la gurimbó..." Un leve humo azul subió en el claro cielo de la tarde indicando el voraz trabajo de los hornos. Del piloto quedaron apenas un breve montón de cenizas y su gorra de capitán de aviación colgada en los corredores.

Esa misma noche Don Graci abandonó la mansión seguido por el sirviente, que le llevaba las maletas y que partió con él. Dos días después, el guardián hizo su mochila y partió en la bicicleta que trajera Ángela. El fraile permaneció algunos días más. Al partir cerró todas las habitaciones y luego el gran portón de la entrada. La mansión quedó abandonada mientras el viento de las grandes lluvias silbaba por los corredores y se arremolinaba en los patios.

CUATRO RELATOS

LA MUERTE DEL ESTRATEGA

Algunos hechos de la vida y la muerte de Alar *el Ilirio*, estratego de la emperatriz Irene en el Thema de Lycandos, ocuparon la atención de la Iglesia cuando, en el Concilio Ecuménico de Nicea, se habló de la canonización de un grupo de cristianos que sufrieran martirio a manos de los turcos en una emboscada en las arenas sirias. Al principio, el nombre de Alar se mencionaba junto con el de los demás mártires. Quien vino a poner en claro el asunto fue el patriarca de Laconia, Nicéforo Kalitzés, al examinar algunos documentos relativos al Estratega y a su familia, que aportaron nuevas luces sobre la vida de Alar y alejaron cualquier posibilidad de entronizarlo en los altares. Finalmente, cuando se dieron a conocer en el Concilio las cartas de Alar a Andrónico, su hermano, la Iglesia impuso un denso silencio en torno al *Ilirio* y su nombre volvió a la oscuridad, de donde lo rescatara la ambición política de la Iglesia de Oriente.

Alar, llamado *el Ilirio* por la forma peculiar de sus ojos hundidos y rasgados, era hijo de un alto funcionario del Imperio, que gozó del favor del Basileus en tiempos de la lucha de las imágenes. El hábil cortesano se ocupó bien poco de la educación de su hijo y convino en que la recibiera en Grecia, bajo la influencia de los últimos neoplatónicos. En el desorden de la decadente Atenas, perdió Alar todo vestigio, si lo tuvo algún día, de fe en el Cristo. Tampoco el padre se había distinguido por su piedad, y su alta posición en la Corte la ganó más por su inagotable reserva de sutilezas diplomáticas que por su fervor religioso. Pero cuando el muchacho regresó de Atenas, el padre no pudo menos de asombrarse ante la forma descuidada y ligera como se refería a los asuntos de la Iglesia. Y, aunque se vivía entonces los momentos de más cruenta persecución iconoclasta, no por eso dejaba el Palacio de Magnaura de estar erizado de mortales trampas teológicas y litúrgicas. Gente mejor colocada que Alar y con mayor ascendiente con el Autocrátor, había perdido los ojos y, a menudo, la vida, por una frase ligera o una incompostura en el templo.

Mediante hábiles disculpas, el padre de Alar consiguió que el Emperador incorporase al *Ilirio* a su ejército y el muchacho fue nombrado Turmarca en un regimiento acantonado en el puerto de Pelagos.

73

Allí comenzó la carrera militar del futuro Estratega. Como hombre de armas, Alar no poseía virtudes muy sólidas. Un cierto escepticismo sobre la vanidad de las victorias y ninguna atención a las graves consecuencias de una derrota, hacían de él un mediocre soldado. En cambio, pocos le aventajaban en la humanidad de su trato y en la cordial popularidad de que gozaba entre la tropa. En lo peor de la batalla, cuando todo parecía perdido, los hombres volvían a mirar al *Ilirio*, que combatía con una amarga sonrisa en los labios y conservando la cabeza fría. Esto bastaba para devolverles la confianza y, con ella, la victoria.

Aprendió con facilidad los dialectos sirios, armenios y árabes, y hablaba corrientemente el latín, el griego y la lengua franca. Sus partes de campaña le fueron ganando cierta fama entre los oficiales superiores por la claridad y elegancia del estilo. A la muerte de Constantino IV, Alar había llegado al grado de general de Cuerpo de Ejército y comandaba la guarnición de Kipros. Su carrera militar, lejos de las peligrosas intrigas de la corte, le permitió estar al margen de las luchas religiosas que tan sangrientas represiones despertaron en el Imperio de Oriente. En un viaje que el Basileus León hizo a Paphos en compañía de su esposa, la bella Irene, la joven pareja fue recibida por Alar, quien supo ganarse la simpatía de los nuevos autocrátores, en especial la de la astuta ateniense, que se sintió halagada por el sincero entusiasmo y la aguda erudición del General en los asuntos helénicos. También León tuvo especial placer en el trato con Alar, y le atraía la familiaridad y llaneza del *Ilirio* y la ironía con que salvaba los más peligrosos temas políticos y religiosos.

Por aquella época, Alar había llegado a los treinta años de edad. Era alto, con cierta tendencia a la molicie, lento de movimientos, y a través de sus ojos semicerrados e irónicos dejaba pasar cautelosamente la expresión de sus sentimientos. Nadie le había visto perder la cordialidad, a menudo un poco castrense y franca. Se absorbía días enteros en la lectura con preferencia de los poetas latinos. Virgilio, Horacio y Catulo le acompañaban a dondequiera que fuese. Cuidaba mucho de su atuendo y sólo en ocasiones vestía el uniforme. Su padre murió en la plenitud de su prestigio político, que heredó Andrónico, hermano menor del Estratega, por quien éste sentía particular afecto y mucha amistad. El viejo cortesano había pedido a Alar que contrajera matrimonio con una joven de la alta burguesía de Bizancio, hija de un grande amigo de la casa. Para cumplir con el deseo del padre, Alar la tomó por esposa, pero siempre halló la manera de vivir alejado de su casa, sin romper del todo con la tradición y los mandatos de la Iglesia. No se le conocían, por otra parte, los amoríos y escándalos tan comunes entre los altos oficiales del Imperio. No por frialdad o indiferencia, sino más bien por cierta tendencia a la reflexión y al ensueño, nacida de un temprano escepticismo hacia las pasiones y esfuerzos de las gentes. Le gustaba frecuentar los lugares en donde las ruinas atestiguaban el vano intento del hombre por perpetuar sus hechos. De ahí su preferencia por Atenas, su gusto por Chipre y sus arriesgadas incursiones en las dormidas arenas de Heliópolis y Tebas.

Cuando la Augusta lo nombró Hypatoï y le encomendó la misión de concertar el matrimonio del joven Basileus Constantino con una de las princesas de Sicilia, el General se quedó en Siracusa más tiempo del necesario para cumplir su embajada. Se escondió luego en Tauromenium, adonde lo buscaron los oficiales de su escolta para comunicarle la orden perentoria de la Despoina de comparecer ante ella sin tardanza. Cuando se presentó a la Sala de los Delfines, después de un viaje que se alargó más de lo prudente, a causa de las visitas a pequeños puertos y calas de la costa africana, que escondían ruinas romanas y fenicias, la Basilissa había perdido por completo la paciencia.

Usas el tiempo del César en forma que merece el más grave castigo —le increpó—. ¿Qué explicación me puedes dar de tu demora? ¿Olvidaste, acaso, el motivo por el cual te enviamos a Sicilia? ¿Ignoras que eres un Hypatoï del Autocrátor? ¿Quién te ha dicho que puedes disponer de tu tiempo y gozar de tus ocios mientras estás al servicio del Isapóstol, hijo del Cristo? Respóndeme y no te quedes ahí mirando a la nada, y borra tu insolente sonrisa, que no es hora ni tengo humor para tus extrañas salidas.

—Señora, Hija de los Apóstoles, bendecida de la Theotokos, Luz de los Evangelios —contestó imperturbable *el Ilirio*—, me detuve buscando las huellas del divino Ulyses, inquiriendo la verdad de sus astucias. Pero este tiempo, ni fue perdido para el Imperio, ni gastado contra la santa voluntad de vuestros planes. No convenía a la dignidad de vuestro hijo, el Porphyrogeneta, un matrimonio a todas luces desigual. No me pareció, por otra parte, oportuno, enviaros con un mensajero, ni escribiros, las razones por las que no quise negociar con los príncipes sicilianos. Su hija está prometida al heredero de la casa de Aragón por un pacto secreto, y habían promulgado su interés en un matrimonio con vuestro hijo, con el único propósito de encarecer las condiciones del contrato. Así fue como ellos solos, ante mi evidente desinterés en tratar el asunto, descubrieron el juego. En cuanto a mi regreso, ¡oh escogida del Cristo!, estuvo, es cierto, entorpecido por algunas demoras en las cuales mi voluntad pudo menos que el deseo de presentarme ante ti.

Aunque no quedó Irene muy convencida de las especiosas razones del *Ilirio*, su enojo había ya cedido casi por completo. Como aviso para que no incurriera en nuevos errores, Alar fue asignado a Bulgaria con la misión de reclutar mercenarios.

En la polvorienta guarnición de un país que le era especialmente antipático, Alar sufrió el primero de los varios cambios que iban a operarse en su carácter. Se volvió algo taciturno y perdió ese permanente buen humor que le valiera tantos y tan buenos amigos entre sus compañeros de armas y aun en la Corte. No es que se le viera irritado, ni que hubiera perdido esa virtud muy suya de tratar a cada cual con la cariñosa familiaridad de quien conoce muy bien a las gentes. Pero, a menudo se le veía ausente, con la mirada fija en un vacío del que parecía esperar ciertas respuestas a una angustia que comenzaba a trabajar su alma. Su atuendo se hizo más sencillo y su vida más austera.

El cambio, en un principio, sólo fue percibido por sus íntimos, y en el ejército y la Corte siguió gozando del favor de quienes le profesaban amistad y admiración. En una carta del higoumeno Andrés, grande amigo de Alar y conocedor avisado de las religiones orientales, dirigida a Andrónico con el objeto de informarle sobre la entrevista con su hermano, el venerable relata hechos y palabras del *Ilirio* que en mucho contribuyeron a echar por tierra el proyecto de canonización. Dice, entre otras cosas:

Encontré al General en Zarosgrad. Pagaba los primeros mercenarios y se ocupaba de su entrenamiento. No lo hallé en la ciudad ni en los cuarteles. Había hecho levantar su tienda en las afueras de la aldea, a orillas de un arroyo, en medio de una huerta de naranjos, el aroma de cuyas flores prefiere. Me recibió con la cordialidad de siempre, pero lo noté distraído y un poco ausente. Algo en su mirada hizo que me sintiera en vaga forma culpable e inseguro. Me miró un rato en silencio, y cuando esperaba que preguntaría por ti y por los asuntos de la Corte o por la gente de su casa, me inquirió de improviso:

—¿Cuál es el Dios que te arrastra por los templos, venerable? ¿Cuál, cuál de todos?

—No comprendo tu pregunta —le contesté.

Y él, sin volver sobre el asunto, comenzó a proponerme, una tras otra, las más diversas y extrañas cuestiones sobre la religión de los persas y sobre la secta de los brahmanes. Al comienzo creí que estaba febril. Después me di cuenta que sufría mucho y que las dudas lo acosaban como perros feroces. Mientras le explicaba algunos de los pasos que lle-van a la perfección o Nirvana de los hindúes, saltó hacia mí, gritando:

—¡Tampoco es ese el camino! ¡No hay nada que hacer! No podemos hacer nada. No tiene ningún sentido hacer algo. Estamos en una trampa.

Se recostó en el camastro de pieles que le sirve de lecho y, cubriéndose el rostro con las manos, volvió a sumirse en el silencio. Al fin, se disculpó diciéndome:

—Perdona, venerable Andrés, pero llevo dos meses tragando el rojo polvo de Dacia y oyendo el idioma chillón de estos bárbaros, y me cuesta trabajo dominarme. Dispénsame y sigue tu explicación, que me atañe en mucho.

Seguí mi exposición, pero había ya perdido el interés en el asunto, pues más me preocupaba la reacción de tu hermano. Comenzaba a darme cuenta de cuán profunda era la crisis por la que pasaba. Bien sabes, como hermano y amigo queridísimo suyo, que el General cumple por pura fórmula y sólo como parte de la disciplina y el ejemplo que debe a sus tropas, con los deberes religiosos. Para nadie es ya un misterio su total apartamiento de nuestra Iglesia y de toda otra convicción de orden religioso. Como conozco muy bien su inteligencia y hemos hablado en muchas ocasiones sobre esto, no pretendo siquiera intentar su conversión. Temo, sí, que el Venerable Metropolitano Miguel Lakadianos, que tanta influencia ejerce ahora sobre nuestra muy amada Irene y que tan pocas simpatías ha demostrado siempre por vuestra familia, pueda enterarse en detalle de la situación del *Ilirio* y la haga valer en su contra ante la Basilissa. Esto te lo digo para que, teniéndolo en cuenta, obres en favor de tu hermano y mantengas vivo el afecto que siempre le ha sido dispensado. Y antes de pasar a otros asuntos, ajenos al General, quiero relatarte el final de nuestra entrevista. Nos perdimos en un largo examen de ciertos aspectos comunes entre algunas herejías cristianas y las religiones del Oriente. Cuando parecía haber olvidado ya por completo su reciente sobresalto, y habíamos derivado hacia el tema de los misterios de Eleusis, el General comenzó a hablar, más para sí que conmigo, dando rienda suelta a su apasionado interés por los helenos. Bien conoces su inagotable erudición sobre el tema. De pronto, se interrumpió y mirándome como si hubiera despertado de un sueño, me dijo mientras acariciaba la máscara mortuoria que le enviaste de Creta:

—Ellos hallaron el camino. Al crear los dioses a su imagen y semejanza dieron trascendencia a esa armonía interior, imperecedera y siempre presente, de la cual manan la verdad y la belleza. En ella creían ante todo y por ella y a ella sacrificaban y adoraban. Eso los ha hecho inmortales. Los helenos sobrevivirán a todas las razas, a todos los pueblos, porque del hombre mismo rescataron las fuerzas que vencen a la nada. Es todo lo que podemos hacer. No es poco, pero es casi imposible lograrlo ya, cuando oscuras levaduras de destrucción han penetrado muy hondo en nosotros. El Cristo nos ha sacrificado en su cruz, Buda nos ha sacrificado en su renunciación, Mahoma nos ha sacrificado en su furia. Hemos comenzado a morir. No creo que me explique claramente. Pero siento que estamos perdidos, que nos hemos hecho a nosotros mismos el daño irreparable de caer en la nada. Ya nada somos, nada podemos. Nadie puede poder.

Me abrazó cariñosamente. No me dijo más, y abriendo un libro se sumió en su lectura. Al salir, me llevé la certeza de que el más entrañable de nuestros amigos, tu hermano amantísimo, ha comenzado a andar por la peligrosa senda de una negación sin límites y de implacables consecuencias.

Es de comprender la preocupación del higoumeno. En la corte, las pasiones políticas se mezclan peligrosamente con las doctrinas de la Iglesia. Irene estaba cayendo, cada día más, en una intransigencia religiosa que la llevó a extremos tales como ordenar que le sacaran los ojos a su hijo Constantino por ciertas sospechas de simpatía con los iconoclastas. Si las palabars de Alar eran repetidas en la corte, su muerte sería segura. Sin embargo, el *Ilirio* cuidábase mucho, aun entre sus más íntimos amigos, de comentar estos asuntos, que constituían su principal preocupación. Su hermano, que sorteaba hábilmente todos los peligros, le consiguió, pasado el lapso de olvido en Bulgaria, el ascenso a la más alta posición militar del Imperio, el grado de Estratega, delegado personal y representante directo del Emperador en los Themas del Imperio. El nombramiento no encontró oposición alguna entre las facciones que luchaban por el poder. Unos y otros estaban seguros de que no contarían con *el Ilirio* para fines políticos y se consolaban pensando en que tampoco el adversario contaría con el favor del Estratega. Por su parte, los Basileus sabían que las armas del Imperio quedaban en manos fieles y que jamás se tornarían contra ellos, conociendo, como conocían, el desgano y desprendimiento del *Ilirio* hacia todo lo que fuera poder político o ambición personal.

Alar fue a Constantinopla para recibir la investidura de manos de los Emperadores. El autocrátor le impuso los símbolos de su nuevo rango en la catedral de Santa Sofía y la Despoina le entregó el águila de los *stratigoi*, bendecida tres veces por el Patriarca Miguel. Cuando el Emperador León tomó el juramento de obediencia al nuevo Estratega, sus ojos se llenaron de lágrimas. Muchos citaron después este detalle como premonitorio del fin tristísimo de Alar y del no menos trágico de León. La verdad era que el Emperador se había conmovido por la forma austera y casi monástica como su amigo de muchos años recibía la más alta muestra de confianza y la más amplia delegación de poder que pudiera recibir un ciudadano de Bizancio después de la púrpura imperial.

Un gran banquete fue servido en el Palacio de Hiéria. Y el Estratega, sin mencionar ni agradecer al Augusto el honor inmenso que le dispensaba, entabló con León un largo y cordialísimo diálogo sobre algunos textos hallados por los monjes de la isla de Prinkipo y que eran atribuibles a Lucrecio. Irene interrumpió en más de una ocasión la animada charla, y en una de ellas sembró un temeroso silencio entre los presentes y fue memorable la respuesta del Estratego.

—Estoy segura —apuntó la Despoina— que nuestro Estratega pensaba más en los textos del pagano Lucrecio que en el santo sacrificio que por la salvación de su alma celebraba nuestro Patriarca.

—En verdad, Augusta —contestó Alar— que me preocupaba mucho durante la Santa Misa el texto atribuido a Lucrecio, pero precisamente por la semejanza que hay en él con ciertos pasajes de nuestras sagradas escrituras. Sólo el verbo, que da verdad eterna a las palabras, está ausente del Latín. Por lo demás, bien pudiera atribuirse su texto a Daniel el Profeta, o al Apóstol Pablo en sus cartas.

La respuesta de Alar tranquilizó a todos y desarmó a Irene, que había hecho la pregunta en buena parte empujada por el Metropolitano Miguel. Pero el Estratega se dio cuenta de cómo su amiga había caído sin remedio en un fanatismo ciego que la llevaría a derramar mucha sangre, comenzando por la de su propia casa.

Y aquí termina la que pudiéramos llamar vida pública de Alar *el Ilirio*. Fue aquella la última vez que estuvo en Bizancio. Hasta su muerte permaneció en el Thema de Lycandos, en la frontera con Siria, y aún se conservan vestigios de su activa y eficaz administración. Levantó numerosas fortalezas para oponer una barrera militar a las invasiones musulmanas. Visitaba de continuo cada uno de estos puestos avanzados, por miserable que fuera y por perdido que estuviera en las áridas rocas o en las abrasadoras arenas del desierto.

Llevaba una vida sencilla de soldado, asistido por sus gentes de confianza, unos caballeros macedónicos, un anciano retórico dorio por el que sentía particular afección a pesar de que no fuera hombre de grandes dotes ni de señalada cultura, un juglar provenzal que se le uniera cuando su visita a Sicilia y su guardia de fieles *kazhares* que sólo a él obedecían y que reclutara en Bulgaria. La elegancia de su atuendo fue cambiando hacia un simple traje militar al cual añadía, los días de revista, el águila bendita de los *stratigoi*. En su tienda de campaña le acompañaban siempre algunos libros, Horacio infaliblemente, la máscara funeral cretense, obsequio de su hermano y una estatuilla de Hermes Trismegisto, recuerdo de una amiga maltesa, dueña de una casa de placer en Chipre. Sus íntimos se acostumbraron a sus largos silencios, a sus extrañas distracciones y a la severa melancolía que en las tardes se reflejaba en su rostro.

Era evidente el contraste de esta vida del *Ilirio* con la que llevaban los demás estrategas del Imperio. Habitaban suntuosos palacios, haciéndose llamar "Espada de los Apóstoles", "Guardián de la Divina Theotokos", "Predilecto del Cristo". Hacían vistosa ostentación de sus mandatos y vivían con lujo y derroche escandalosos, compartiendo con el Emperador esa hierática lejanía, ese arrogante boato que despertaba en los súbditos de las apartadas provincias, abandonadas al arbitrio de los estrategas, una veneración y un respeto que tenía mucho de sumisión religiosa. Caso único en aquella época fue el de Alar *el Ilirio*, cuyo ejemplo siguieron después los sabios emperadores de la dinastía Comnena, con pingües resultados políticos. Alar vivía entre sus soldados. Escoltado únicamente por los *kazhares* y por el regimiento de caballeros macedónicos, recorría continuamente la frontera de su Thema que limitaba con los dominios del incansable y ávido Ahmid Kabil, reyezuelo sirio que se mantenía con el botín logrado en las incursiones a las aldeas del Imperio. A veces se aliaba con los turcos en contra de Bizancio y, otras, éstos lo abandonaban en neutral complicidad, para firmar tratados de paz con el Autocrátor.

El Estratega aparecía de improviso en los puestos fortificados y se quedaba allí semanas enteras, revisando la marcha de las construcciones y comprobando la moral de las tropas. Se alojaba en los mismos cuarteles, en donde le separaban una estrecha pieza enjalbegada. Argiros, su ordenanza, le tendía un lecho de pieles que se acostumbró a usar entre los búlgaros. Allí administraba justicia, discutía con arquitectos y constructores y tomaba cuentas a los jefes de la plaza. Tal como había llegado, partía sin decir hacia dónde iba. De su gusto por las ruinas y de su interés por las bellas artes le quedaban algunos vestigios que salían a relucir cuando se trataba de escoger el adorno de un puente, la decoración de la fachada de una fortaleza o de rescatar tesoros de la antigua Grecia que habían caído en poder de los musulmanes. Más de una vez prefirió rescatar el torso de una Venus mutilada o la cabeza de una medusa, a las reliquias de un santo patriarca de la Iglesia de Oriente. No se le conocieron amores o aventuras escandalosas, ni era afecto a las ruidosas bacanales gratas a los demás estrategas. En los primeros tiempos de su mandato solía llevar consigo una joven esclava de Gales que le servía con silenciosa ternura y discreta devoción; y cuando la muchacha murió, en una emboscada en que cayera una parte de su convoy, *el Ilirio* no volvió a llevar mujeres consigo y se contentaba con pasar algunas noches, en los puertos de la costa, con muchachas de las tabernas con las que bromeaba y reía como cualquiera de sus soldados. Conservaba, sí, una solitaria e interior lejanía que despertaba en las jóvenes cierto indefinible temor.

En la gris rutina de esta vida castrense, se fue apagando el antiguo prestigio del *Ilirio* y su vida se fue llenando de grandes sombras a las cuales rara vez aludía, ni permitía que fuesen tema de conversación entre sus allegados. La Corte lo olvidó o poco menos. Murió el Basileus en circunstancias muy extrañas y pocas semanas después Irene se hacía proclamar en Santa Sofía "Gran Basileus y Autocrátor de los Romanos". El Imperio entró de lleno en uno de sus habituales periodos de sordo fanatismo, de rabiosa histeria teológica, y los monjes todopoderosos impusieron el oscuro terror de sus intrigas que llevaban a las víctimas a los subterráneos de las Blanquernas, en donde les eran sacados los ojos, o al Hipódromo, en donde las descuartizaban briosos caballos. Así era pagada la menor tibieza en el servicio del Cristo y de su Divina Hija, Estrella de la Mañana, la Divina Irene. Contra el Estratega nadie se atrevió a alzar la mano. Su prestigio en el ejército era muy sólido, su hermano había sido designado Protosebasta y Gran Maestro de las Escuelas, y la Augusta conocía la natural aversión del *Ilirio* a tomar partido y su escepticismo hacia los salvadores del Imperio, que por entonces surgían a cada instante.

Y fue entonces cuando apareció Ana *la Cretense,* y la vida de Alar cambió de nuevo por completo. Era esta la joven heredera de una rica familia de comerciantes de Cerdeña, los Alesi, establecida desde hacía varias generaciones en Constantinopla. Gozaban de la confianza y el favor de la Emperatriz, a la que ayudaban a menudo con empréstitos considerables, respaldados con la recolección de los impuestos en los puertos bizantinos del Mediterráneo. La muchacha, junto con su hermano mayor, había caído en manos de los piratas berberiscos, cuando regresaban de Cerdeña, en donde poseían vastas propiedades. Irene encomendó al *Ilirio* negociar el rescate de los Alesi con los delegados del Emir, quien amparaba la piratería y cobraba participación en los saqueos.

Pero antes de relatar el encuentro con Ana, es interesante saber cuál era el pensamiento, cuáles las certezas y dudas del Estratega, en el momento de conocer a la mujer que daría a sus últimos días una profunda y nueva felicidad y a su muerte una particular intención y sentido. Existe una carta de Alar a su hermano Andrónico, escrita cuatro días antes de recibir la caravana de los **Alesi.** Después de comentar algunas nuevas que sobre política exterior del Imperio le relatara su hermano, dice *el Ilirio*:

...y esto me lleva a confiar mi certeza en la nugacidad de ese peligroso compromiso de las mejores virtudes del hombre que es política. Observa con cuánta razón nuestra Basilissa esgrime ahora argumentos para implantar un orden en Bizancio, razón que ella misma hace diez años hubiera rechazado como atentatoria de las leyes del Imperio y grave herejía. Y cuánta gente murió entretanto por pensar como ella piensa hoy. Cuántos ciegos y mutilados por haber hecho pública una fe que hoy es la del Estado. El hombre, en su miserable confusión, levanta con la mente complicadas arquitecturas y cree que aplicándolas con rigor conseguirá poner orden al tumultuoso y caótico latido de su sangre. Nos hemos agarrado las manos en nuestra misma trampa y nada podemos hacer, ni nadie nos pide que hagamos nada. Cualquier resolución que tomemos, irá siempre a perderse en el torrente de las aguas que vienen de sitios muy distantes y se reúnen en el gran desagüe de las alcantarillas para fundirse en la vasta extensión del océano. Podrás pensar que un amargo escepticismo me impide gozar del mundo que gratuitamente nos ha sido dado. No es así, hermano queridísimo. Una gran tranquilidad me visita y cada episodio de mi rutina de gobernante y soldado se me ofrece con una luz nueva y reveladora de insospechadas fuentes de vida. No busco detrás de cada cosa significados remotos o improbables. Trato más bien de rescatar de ella esa presencia que me da la razón de cada día. Como ya sé con certeza total que cualquier comunicación que intentes con el hombre es vana y por completo inútil, que sólo a través de los oscuros caminos de la sangre y de cierta armonía que pervive a todas las formas y dura sobre civilizaciones e imperios podemos salvarnos de la nada, vivo entonces sin engañarme y sin pretender que otros lo hagan por mí ni para mí. Mis soldados me obedecen, porque saben que tengo más experiencia que ellos en este trato diario con la muerte que es la guerra; mis súbditos aceptan mis fallos, porque saben que no los inspira una ley escrita, sino lo que mi natural amor por ellos trata de entender. No tengo ambición alguna, y unos pocos libros, la compañía de los macedónicos, las sutilezes del *Dorio*, los cantos de Alcen *el Provenzal* y el tibio lecho de una hetaira del Líbano colman todas mis esperanzas y propósitos. No estoy en el camino de nadie, ni nadie se atraviesa en el mío. Mato en la batalla sin piedad, pero sin furia. Mato porque quiero que dure lo más posible nuestro Imperio, antes de que los bárbaros lo inunden con su jerga destemplada y su rabioso profeta. Soy un griego, o un romano de Oriente, como quieras, y sé que los bárbaros, así sean latinos, germanos o árabes, vengan de Kiev, de Lutecia, de Bagdad o de Roma, terminarán por borrar nuestro nombre y nuestra raza. Somos los últimos herederos de la Hellas inmortal, única que diera al hombre respuesta valedera a sus preguntas de bastardo. Creo en mi función de Estratega y la cumplo cabalmente, conociendo de antemano que no es mucho lo que se puede hacer, pero que el no hacerlo sería peor que morir. Hemos perdido el camino hace muchos siglos y nos hemos entregado al Cristo sediento de sangre, cuyo sacrificio pesa con injusticia sobre el corazón del hombre y lo hace suspicaz, infeliz y mentiroso. Hemos tapiado todas las salidas y nos engañamos como las fieras se engañan en la oscuridad de las jaulas del circo, creyendo que afuera les espera la selva que añoran dolorosamente. Lo que me cuentas del Embajador del Sacro Imperio Romano me parece ejemplo que ajusta a mis razones y debieras, como Logoteta que eres del Imperio, hacerle ver lo oscuro de sus propósitos y el error de sus ideas, pero esto sería tanto como...

La caravana de los Alesi llegó al anochecer al puesto fortificado de Al Makhir, en donde paraba el Estratega en espera de los rehenes. *El Ilirio* se retiró temprano. Había hecho tres días de camino sin dormir. A la mañana siguiente, después de dar las órdenes para despachar la caballería turca que los había traído, dio audiencia a los rescatados ciudadanos de Bizancio. Entraron en silencio a la pequeña celda del Estratega y no salían de su asombro al ver al Protosebasta de Lycandos, a la Mano Armada del Cristo, al Hijo dilecto de la Augusta, viviendo como un simple oficial, sin tapetes ni joyas, acompañado únicamente de unos cuantos libros. Tendido en su lecho de piel de oso, repasaba unas listas de cuentas cuando entraron los Alesi. Eran cinco y los encabezaba un joven de aspecto serio y abstraído y una muchacha de unos veinte años con un velo sobre el rostro. Los tres restantes eran el médico de la familia, un administrador de la casa en Bari y un tío, higoumeno del Stoudion. Rindieron al Estratega los homenajes debidos a su jerarquía y éste los invitó a tomar asiento. Leyó la lista de los visitantes en voz alta y cada uno de ellos contestó con la fórmula de costumbre: "Griego por la gracia del Cristo y su sangre redentora, siervo de nuestra divina Augusta." La muchacha fue la última en responder y para hacerlo se quitó el velo de la cara. No reparó en ella Alar en el primer momento, y sólo le llamó la atención la reposada seriedad de su voz que no correspondía con su edad.

Les hizo algunas preguntas de cortesía, averiguó por el viaje y al higoumeno le habló largo rato sobre su amigo Andrés a quien aquél conocía superficialmente. A las preguntas que Alar hiciera a la muchacha, ella contestó con detalles que indicaban una clara inteligencia y un agudo sentido crítico. El Estratega se fue interesando en la charla y la audiencia se prolongó por varias horas. Siguiendo alguna observación del hermano sobre el esplendor de la corte del Emir, la muchacha preguntó al Estratega:

—Si has renunciado al lujo que impone tu cargo, debemos pensar que eres hombre de profunda religiosidad, pues llevas una vida al parecer monacal.

Alar se la quedó mirando y las palabras de la pregunta se le escapaban a medida que le dominaba el asombro ante cierta secreta armonía, de sabor muy antiguo, que se descubría en los rasgos de la joven. Algo que estaba también en la máscara cretense, mezclado con cierta impresión de salud ultraterrena que da esa permanencia, a través de los siglos, de la interrelación de ojos y boca, nariz y frente y la plenitud de formas propias de ciertos pueblos del Levante. Una sonrisa de la muchacha le trajo de nuevo al presente y contestó:

—Conviene más a mi carácter que a mis convicciones religiosas este género de vida. Por mi parte, lamento no poder ofrecerles mejor alojamiento.

Y así fue como Alar conoció a Ana Alesi, a la que llamó después *la Cretense* y a quien amó hasta su último día y guardó a su lado durante los postreros años de su gobierno en Lycandos. El Estratega halló razones para ir demorando el viaje de los Alesi y, después, pretextando la inseguridad de las costas, dejó a Ana consigo y envió a los demás por tierra, viaje que hubiera resultado en extremo penoso para la joven.

Ana aceptó gustosa la medida, pues ya sentía hacia *el Ilirio* el amor y la profunda lealtad que le guardara toda la vida. Al llegar a Bizancio, el joven Alesi se quejó ante la Emperatriz por la conducta de Alar. Irene intervino a través de Andrónico para amonestar al Estratega y exigirle el regreso inmediato de Ana. Alar contestó a su hermano en una carta, que también figura en los archivos del Concilio y que nos da muchas luces sobre su historia y sobre las razones que lo unieron a Ana. Dice así:

En relación con Ana deseo explicarte lo sucedido para que, tal como te lo cuento, se lo hagas saber a la Augusta. Tengo demasiada devoción y lealtad por ella para que, en medio de tanto conspirador y tanto traidor que la rodea, me distinga, precisamente a mí, con su injusto enojo.

Ana es, hoy, todo lo que me ata al mundo. Si no fuera por ella, hace mucho tiempo que hubiera dejado mis huesos en cualquier emboscada nocturna. Tú lo sabes mejor que nadie y como nadie entiendes mis razones. Al principio, cuando apenas la conocía, en verdad pretexté ciertos motivos de seguridad para guardarla a mi lado. Después se fue uniendo cada vez más a mi vida y hoy el mundo se sostiene para mí a través de su piel, de su aroma, de sus palabras, de su amable compañía en el lecho y de la forma como comprende, con clarividencia hermosísima, las verdades, las certezas que he ido conquistando en mi retiro del mundo y de sus sórdidas argucias cortesanas. Con ella he llegado a apresar, al fin, una verdad suficiente para vivir cada día. La verdad de su tibio cuerpo, la verdad de su voz velada y fiel, la verdad de sus grandes ojos asombrados y leales. Como esto es muy parecido al razonamiento de un adolescente enamorado, es probable que en la Corte no lo entiendan. Pero yo sé que la Augusta sabrá cuál es el particular sentido de mi conducta. Ella me conoce hace muchos años y en el fondo de su alma cristiana de hoy reposa, escondida, la aguda ateniense que fuera mi leal amiga y protectora.

Como sé cuán deleznable y débil es todo intento humano de prolongar, contra todos y contra todo, una relación como la que me une a Ana, si la Despoina insiste en ordenar su regreso a Constantinopla no moveré un dedo para impedirlo. Pero allí habrá terminado para mí todo interés en seguir sirviendo a quien tan torpemente me lastima.

Andrónico comunicó a Irene la respuesta de su hermano. La Emperatriz se conmovió con las palabras del *Ilirio* y prometió olvidar el asunto. En efecto, dos años permaneció Ana al lado de Alar, recorriendo con él todos los puestos y ciudades de la frontera y descansando, en el estío, en un escondido puerto de la costa en donde un amigo veneciano había obsequiado al Estratega una pequeña casa de recreo. Pero los Alesi no se daban por vencidos y con ocasión de un empréstito que negociaba Irene con algunos comerciantes genoveses, la casa respaldó la deuda con su firma y la Basilissa se vio obligada a intervenir en forma definitiva, si bien contra su voluntad, ordenando el regreso de Ana. La pareja recibió al mensajero de Irene y conferenciaron con él casi toda la noche. Al día siguiente, Ana *la Cretense* se embarcaba para Constantinopla y Alar volvía a la capital de su provincia. Quienes estaban presentes no pudieron menos de sorprenderse ante la serenidad con que se dijeron adiós. Todos conocían la profunda adhesión del Estratega a la muchacha y la forma como hacía depender de ella hasta el más mínimo acto de su vida. Sus íntimos amigos, empero, no se extrañaron de la tranquilidad del *Ilirio*, pues conocían muy bien su pensamiento. Sabían que un fatalismo lúcido, de raíces muy hondas, le hacía aparecer indiferente en los momentos más críticos.

Alar no volvió a mencionar el nombre de *la Cretense*. Guardaba consigo algunos objetos suyos y unas cartas que le escribiera cuando se ausentó para hacerse cargo del aprovisionamiento y preparación militar de la flota anclada en Malta. Conservaba también un arete que olvidó la muchacha en el lecho, la primera vez que durmieron juntos en la fortaleza de San Esteban Damasceno.

Un día citó a sus oficiales a una audiencia. El Estratega les comunicó sus propósitos en las siguientes palabras:

"Ahmid Kabil ha reunido todas sus fuerzas y prepara una incursión sin precedentes contra nuestras provincias. Pero esta vez cuenta, si no con el apoyo, sí con la vigilante imparcialidad del Emir. Si penetramos por sorpresa en Siria y alcanzamos a Kabil en sus cuarteles, donde ahora prepara sus fuerzas, la victoria estará seguramente a nuestro favor. Pero una vez terminemos con él, el Emir seguramente violará su neutralidad y se echará sobre nosotros, sabiéndonos lejos de nuestros cuarteles e imposibilitados de recibir ninguna ayuda. Ahora bien, mi plan consiste en pedir refuerzos a Bizancio y traerlos aquí en sigilo para reforzar las ciudadelas de la frontera en donde quedarán la mitad de nuestras tropas.

"Cuando el Emir haya terminado con nosotros, sería loco pensar lo contrario, pues vamos a luchar cincuenta contra uno, se volverá sobre la frontera e irá a estrellarse con una resistencia mucho más poderosa de la que sospecha y entonces será él quien esté lejos de sus cuarteles y será copado por los nuestros.

"Habremos eliminado así dos peligrosos enemigos del Imperio con el sacrificio de algunos de nosotros. Contra el reglamento, no quiero esta vez designar los jefes y soldados que deban quedarse y los que quieran internarse conmigo. Escojan ustedes libremente y mañana, al alba, me comunican su decisión. Una cosa quiero que sepan con certeza: los que vayan conmigo para terminar con Kabil no tienen ninguna posibilidad de regresar vivos. El Emir espera cualquier descuido nuestro para atacarnos y ésta será para él una ocasión única que aprovechará sin cuartel. Los que se queden para unirse a los refuerzos que hemos pedido a nuestra Despoina formarán a la izquierda del patio de armas y los que hayan decidido acompañarme lo harán a la derecha. Es todo."

Se dice que era tal la adhesión que sus gentes tenían por Alar, que los oficiales optaron por sortear entre ellos el quedarse o partir con el Estratega, pues ninguno quería abandonarlo. A la mañana siguiente, Alar pasó revista a su ejército, arengó a los que se quedaban para defender la frontera del Imperio y sus palabras fueron recibidas con lágrimas por muchos de ellos. A quienes se le unieron para internarse en el desierto, les ordenó congregar las tropas en un lugar de la Siria Mardaíta. Dos semanas después, se reunieron allí cerca de cuarenta mil soldados que, al mando personal del *Ilirio*, penetraron en las áridas montañas de Asia Menor.

La campaña de Alar está descrita con escrupuloso detalle en las "Relaciones Militares" de Alejo Comneno, documento inapreciable para conocer la vida militar de aquella época y penetrar en las causas que hicieron posible, siglos más tarde, la destrucción del Imperio por los turcos. Alar no se había equivocado. Una vez derrotado el escurridizo Ahmid Kabil, con muy pocas bajas en las filas griegas, regresó hacia su Thema a marchas forzadas. En la mitad del camino su columna fue sorprendida por una avalancha de jenízaros e infantería turca que se le pegó a los talones sin soltar la presa. Había dividido sus tropas en tres grupos que avanzaban en abanico hacia lugares diferentes del territorio bizantino, con el fin de impedir la total aniquilación del ejército que había penetrado en Siria. Los turcos cayeron en la trampa y se aferraron a la columna de la extrema izquierda comandada por el Estratega, creyendo que se trataba del grueso del ejército. Acosado día y noche por crecientes masas de musulmanes, Alar ordenó detenerse en el oasis de Kazheb y allí hacer frente al enemigo. Formaron en cuadro, según la tradición bizantina, y comenzó el asedio por parte de los turcos. Mientras las otras dos columnas volvían intactas al Imperio e iban a unirse a los defensores de los puestos avanzados, las gentes de Alar iban siendo copadas por las flechas musulmanas. Al cuarto día de sitio, Alar resolvió intentar una salida nocturna y por la mañana atacar a los sitiadores desde la retaguardia. Había la posibilidad de ahuyentarlos, haciéndoles creer que se trataba de refuerzos enviados de Lycandos. Reunió a los macedónicos y a dos regimientos de búlgaros y les propuso la salida. Todos aceptaron serenamente y a medianoche se escurrieron por las frescas arenas que se extendían hasta el horizonte. Sin alertar a los turcos, cruzaron sus líneas y fueron a esconderse en una hondonada en espera del alba. Por desgracia para los griegos, a la mañana siguiente todo el grueso de las tropas del Emir llegaba al lugar del combate. Al primer claror de la mañana una lluvia de flechas les anunció su fin. Una vasta marea de infantes y jenízaros se extendía por todas partes rodeando la hondonada. No tenían siquiera la posibilidad de luchar cuerpo a cuerpo con los turcos; tal era la barrera impenetrable que formaban las flechas disparadas por éstos. Los macedónicos atacaron enloquecidos y fueron aniquilados en pocos minutos por las cimitarras de los jenízaros. Unos cuantos húngaros y la guardia personal del Estratega rodearon a Alar que miraba impasible la carnicería.

La primera flecha le atravesó la espalda y le salió por el pecho a la altura de las últimas costillas. Antes de perder por completo sus fuerzas, apuntó a un mahdi que desde su caballo se divertía en matar búlgaros con su arco y le lanzó la espada pasándolo de parte a parte. Un segundo flechazo le atravesó la garganta. Comenzó a perder sangre rápidamente, y envolviéndose en su capa se dejó caer al suelo con una vaga sonrisa en el rostro. Los fanáticos búlgaros cantaban himnos religiosos y salmos de alabanza a Cristo, con esa fe ciega y ferviente de los recién convertidos. Por entre las monótonas voces de los mártires comenzó a llegarle la muerte al Estratega.

Una gozosa confirmación de sus razones le vino de repente. En verdad, con el nacimiento caemos en una trampa sin salida. Todo esfuerzo de la razón, la especiosa red de las religiones, la débil y perecedera fe del hombre en potencias que le son ajenas o que él inventa, el torpe avance de la historia, las convicciones políticas, los sistemas de griegos y romanos para conducir el Estado, todo le pareció un necio juego de niños. Y ante el vacío que avanzaba hacia él a medida que su sangre se escapaba, buscó una razón para haber vivido, algo que le hiciera valedera la serena aceptación de su nada, y de pronto, como un golpe de sangre más que le subiera, el recuerdo de Ana *la Cretense* le fue llenando de sentido toda la historia de su vida sobre la tierra. El delicado tejido azul de las venas en sus blancos pechos, un abrirse de las pupilas con asombro y ternura, un suave ceñirse a su piel para velar su sueño, las dos respiraciones jadeando entre tantas noches, como un mar palpitando eternamente; sus manos seguras, blancas, sus dedos firmes y sus uñas en forma de almendra, su manera de escucharle, su andar, el recuerdo de cada palabra suya, se alzaron para decirle al Estratega que su vida no había sido en vano, que nada podemos pedir, a no ser la secreta armonía que nos une pasajeramente con ese gran misterio de los otros seres y nos permite andar acompañados una parte del camino. La armonía perdurable de un cuerpo y, a través de ella, el solitario grito de otro ser que ha buscado comunicarse con quien ama y lo ha logrado, así sea imperfecta y vagamente, le bastaron para entrar en la muerte con una gran dicha que se confundía con la sangre manando a borbotones. Un último flechazo lo clavó en la tierra atravesándole el corazón. Para entonces, ya era presa de esa desordenada alegría, tan esquiva, de quien se sabe dueño del ilusorio vacío de la muerte.

EL ÚLTIMO ROSTRO

[Fragmento]

El último rostro es el rostro con el que te recibe la muerte.

De un manuscrito anónimo de la Biblioteca del Monasterio del Monte Athos, siglo xi.

LAS páginas que van a leerse pertenecen a un legajo de manuscritos vendidos en la subasta de un librero de Londres pocos años después de terminada la segunda Guerra Mundial. Formaron parte estos escritos de los bienes de la familia Nimbourg-Napierski, el último de cuyos miembros murió en Mers-el Kebir combatiendo como oficial de la Francia libre. Los Nimbourg-Napierski llegaron a Inglaterra meses antes de la caída de Francia y llevaron consigo algunos de los más preciados recuerdos de la familia: un sable con mango adornado de rubíes y zafiros, obsequio del mariscal José Poniatowski al coronel de lanceros Miecislaw Napierski, en recuerdo de su heroica conducta en la batalla de Friedland; una serie de bocetos y dibujos de Delacroix comprados al artista por el príncipe de Nimbourg-Boulac, la colección de monedas antiguas del abuelo Nimbourg-Napierski, muerto en Londres pocos días después de emigrar, y los manuscritos del diario del coronel Napierski, ya mencionados.

Por un azar llegaron a nuestras manos los papeles del coronel Napierski y al hojearlos en busca de ciertos detalles sobre la batalla de Bailén, que allí se narra, nuestra vista cayó sobre una palabra y una fecha: Santa Marta, diciembre de 1830. Iniciada su lectura, el interés sobre la derrota de Bailén se esfumó bien pronto a medida que nos internábamos en los apretados renglones de letra amplia y clara del coronel de coraceros. Los folios no estaban ordenados y hubo que buscar entre los ocho tomos de legajos aquellos que, por el color de la tinta y ciertos nombres y fechas, indicaban pertenecer a una misma época.

Miecislaw Napierski había viajado a Colombia para ofrecer sus servicios en los ejércitos libertadores. Su esposa, la condesa Adéhaume de Nimbourg-Boulac, había muerto al nacer su segundo hijo y el coronel, como buen polonés, buscó en América tierras en donde la libertad y el sacrificio alentaran sus sueños de aventura truncados con la caída del Imperio. Dejó sus dos hijos al cuidado de la familia de su esposa y embarcó para Cartagena de Indias. En Cuba, en donde tocó la fragata en que viajaba, fue detenido por una oscura delación y encerrado en el fuerte de Santiago. Allí padeció varios años de prisión hasta cuando logró evadirse y escapar a Jamaica. En Kingston embarcó en la fragata inglesa *Shanon* que se dirigía a Cartagena.

Por razones que se verán más adelante, se transcriben únicamente las páginas del Diario que hacen referencia a ciertos hechos relacionados con un hombre y las circunstancias de su muerte, y se omiten todos los comentarios y relatos de Napierski ajenos a este episodio de la historia de Colombia que diluyen y, a menudo, confunden el desarrollo del dramático fin de una vida.

Napierski escribió esta parte de su Diario en español, idioma que dominaba por haberlo aprendido en su estada en España durante la ocupación de los ejércitos napoleónicos. En el tono de ciertos párrafos se nota empero la influencia de los poetas poloneses exiliados en París y de quienes fuera íntimo amigo, en especial de Adam Nickiewiez, a quien alojó en su casa.

29 de junio. Hoy conocí al general Bolívar. Era tal mi interés por captar cada una de sus palabras y hasta el menor de sus gestos y tal su poder de comunicación y la intensidad de su pensamiento que, ahora que me siento a fijar en el papel los detalles de la entrevista, me parece haber conocido al Libertador desde hace ya muchos años y servido desde siempre bajo sus órdenes.

La fragata ancló esta mañana frente al fuerte del Pastelillo. Un edecán llegó por nosotros a eso de las diez de la mañana. Desembarcamos el capitán, un agente consular británico de nombre Page y yo. Al llegar a tierra fuimos a un lugar llamado Pie de la Popa por hallarse en las estribaciones del cerro del mismo nombre, en cuya cima se halla una fortaleza que antaño fuera convento de monjas. Bolívar se trasladó allí desde el pueblecito cercano de Turbaco, movido por la ilusión de poder partir en breves días.

Entramos en una amplia casona con patios empedrados llenos de geranios un tanto mustios y gruesos muros que le dan un aspecto de cuartel. Esperamos en una pequeña sala de muebles desiguales y destartalados con las paredes desnudas y manchadas de humedad. Al poco rato entró el señor Ibarra, edecán del Libertador, para decirnos que Su Excelencia estaba terminando de vestirse y nos recibiría en unos momentos. Poco después se entreabrió una puerta que yo había creído clausurada y asomó la cabeza un negro que llevaba en la mano unas prendas de vestir y una manta e hizo a Ibarra señas de que podíamos entrar.

Mi primera impresión fue de sorpresa al encontrarme en una amplia habitación vacía, con alto techo artesonado, un catre de campaña al fondo, contra un rincón, y una mesa de noche llena de libros y papeles. De nuevo las paredes vacías llenas de churretones causados por la humedad. Una ausencia total de muebles y adornos. Únicamente una silla de alto respaldo, desfondada y descolorida, miraba hacia un patio interior sembrado de naranjos en flor, cuyo suave aroma se mezclaba con el de agua de Colonia que predominaba en el ambiente. Pensé, por un instante, que seguiríamos hacia otro cuarto y que ésta sería la habitación provisional de algún ayudante, cuando una voz hueca pero bien timbrada que denotaba una extrema debilidad física, se oyó tras de la silla hablando en un francés impecable traicionado apenas por un leve "accent du midi".

—Adelante, señores, ya traen algunas sillas. Perdonen lo escaso del mobiliario, pero estamos todos aquí un poco de paso. No puedo levantarme, excúsenme ustedes.

Nos acercamos a saludar al héroe mientras unos soldados, todos con acentuado tipo mulato, colocaban unas sillas frente a la que ocupaba el enfermo. Mientras éste hablaba con el capitán del velero, tuve oportunidad de observar a Bolívar. Sorprende la desproporción entre su breve talla y la enérgica vivacidad de las facciones. En especial los grandes ojos oscuros y húmedos que se destacan bajo el arco pronunciado de las cejas. La tez es de un intenso color moreno, pero a través de la fina camisa de batista, se advierte un suave tono oliváceo que no ha sufrido las inclemencias del sol y el viento de los trópicos. La frente, pronunciada y magnífica, está surcada por multitud de finas arrugas que aparecen y desaparecen a cada instante y dan al rostro una expresión de atónita amargura, confirmada por el diseño delgado y fino de la boca cercada por hondas arrugas. Me recordó el rostro de César en el busto del museo vaticano. El mentón pronunciado y la nariz fina y aguda, borran un tanto la impresión de melancólica amargura, poniendo un sello de densa energía orientada siempre en toda su intensidad hacia el interlocutor del momento. Sorprenden las manos delgadas, ahusadas, largas, con uñas almendradas y pulcramente pulidas, ajenas por completo a una vida de batallas y esfuerzos sobrehumanos cumplidos en la inclemencia de un clima implacable.

Un gesto del Libertador —olvidaba decir que tal es el título con que honró a Bolívar el Congreso de Colombia y con el cual se le conoce siempre más que por su nombre o sus títulos oficiales— me impresionó sobremanera, como si lo hubiera acompañado toda su vida. Se golpea levemente la frente con la palma de la mano y luego desliza ésta lentamente hasta sostenerse con ella el mentón entre el pulgar y el índice; así permanece largo rato, mirando fijamente a quien le habla. Estaba

91

yo absorto observando todos sus ademanes cuando me hizo una pregunta, interrumpiendo bruscamente una larga explicación del capitán sobre su itinerario hacia Europa.

—Coronel Napierski, me cuentan que usted sirvió bajo las órdenes del mariscal Poniatowski y que combatió con él en el desastre de Leipzig.

—Sí, Excelencia —respondí conturbado al haberme dejado tomar de sorpresa—, tuve el honor de combatir a sus órdenes en el cuerpo de lanceros de la guardia y tuve también el terrible dolor de presenciar su heroica muerte en las aguas del Elster. Yo fui de los pocos que logramos llegar a la otra orilla.

—Tengo una admiración muy grande por Polonia y por su pueblo —me contestó Bolívar—, son los únicos verdaderos patriotas que quedan en Europa. Qué lástima que haya llegado usted tarde. Me hubiera gustado tanto tenerlo en mi Estado Mayor —permaneció un instante en silencio, con la mirada perdida en el quieto follaje de los naranjos—. Conocí al príncipe Poniatowski en el salón de la condesa Potocka, en París. Era un joven arrogante y simpático, pero con ideas políticas un tanto vagas. Tenía debilidad por las maneras y costumbres de los ingleses y a menudo lo ponía en evidencia, olvidando que eran los más acerbos enemigos de la libertad de su patria. Lo recuerdo como una mezcla de hombre valiente hasta la temeridad pero ingenuo hasta el candor. Mezcla peligrosa en los vericuetos que llevan al poder. Murió como un gran soldado. Cuántas veces al cruzar un río (he cruzado muchos en mi vida, coronel) he pensado en él, en su envidiable sangre fría, en su espléndido arrojo. Así se debe morir y no en este peregrinaje vergonzante y penoso por un país que ni me quiere ni piensa que le haya yo servido en cosa que valga la pena.

Un joven general con espesas patillas rojizas, se apresuró respetuosamente a interrumpir al enfermo con voz un tanto quebrada por encontrados sentimientos:

—Un grupo de viles amargados no son toda Colombia, Excelencia. Usted sabe cuánto amor y cuánta gratitud le guardamos los colombianos por lo que ha hecho por nosotros.

—Sí —contestó Bolívar con un aire todavía un tanto absorto—, tal vez tenga razón, Carreño, pero ninguno de esos que menciona estaban a mi salida de Bogotá, ni cuando pasamos por Mariquita.

Se me escapó el sentido de sus palabras, pero noté en los presentes una súbita expresión de vergüenza y molestia casi física.

Tornó Bolívar a dirigirse a mí con renovado interés:

—Y ahora que sabe que por acá todo ha terminado, ¿qué piensa usted hacer, coronel?

—Regresar a Europa —respondí— lo más pronto posible. Debo poner orden en los asuntos de mi familia y ver de salvar, así sea en parte, mi escaso patrimonio.

—Tal vez viajemos juntos —me dijo, mirando también al capitán.

92

Éste explicó al enfermo que por ahora tendría que navegar hasta La Guaira y que, de allí, regresaría a Santa Marta para partir hacia Europa. Indicó que sólo hasta su regreso podría recibir nuevos pasajeros. Esto tomaría dos o tres meses a lo sumo porque en La Guaira esperaba un cargamento que venía del interior de Venezuela. El capitán manifestó que, al volver a Santa Marta, sería para él un honor contarlo como huésped en la *Shanon* y que, desde ahora, iba a disponer lo necesario para proporcionarle las comodidades que exigía su estado de salud.

El Libertador acogió la explicación del marino con un amable gesto de ironía y comentó:

—Ay, capitán, parece que estuviera escrito que yo deba morir entre quienes me arrojan de su lado. No merezco el consuelo del ciego Edipo que pudo abandonar el suelo que lo odiaba.

Permaneció en silencio un largo rato; sólo se escuchaba el silbido trabajoso de su respiración y algún tímido tintineo de un sable o el crujido de alguna de las sillas desvencijadas que ocupábamos. Nadie se atrevió a interrumpir su hondo meditar, evidente en la mirada perdida en el quieto aire del patio. Por fin, el agente consular de Su Majestad británica se puso en pie. Nosotros le imitamos y nos acercamos al enfermo para despedirnos. Salió apenas de su amargo cavilar sin fondo y nos miró como a sombras de un mundo del que se hallaba por completo ausente. Al estrechar mi mano me dijo sin embargo:

—Coronel Napierski, cuando lo desee venga a hacer compañía a este enfermo. Charlaremos un poco de otros días y otras tierras. Creo que a ambos nos hará mucho bien.

Me conmovieron sus palabras. Le respondí:

—No dejaré de hacerlo, Excelencia. Para mí es un placer y una oportunidad muy honrosa y feliz el poder venir a visitarle. El barco demora aquí algunas semanas. No dejaré de aprovechar su invitación.

De repente me sentí envarado y un tanto ceremonioso en medio de este aposento más que pobre y después de la llaneza de buen tono que había usado conmigo el héroe.

Es ya de noche. No corre una brizna de viento. Subo al puente de la fragata en busca de aire fresco. Cruza la sombra nocturna, allá en lo alto, una bandada de aves chillonas cuyo grito se pierde sobre el agua estancada y añeja de la bahía. Allá al fondo, la silueta angulosa y vigilante del fuerte de San Felipe. Hay algo intemporal en todo esto, una extraña atmósfera que me recuerda algo ya conocido no sé dónde ni cuándo. Las murallas y fuertes son una reminiscencia medieval surgiendo entre las ciénagas y lianas del trópico. Muros de Aleppo y San Juan de Acre, *kraks* del Líbano. Esta solitaria lucha de un guerrero admirable con la muerte que lo cerca en una ronda de amargura y desengaño. ¿Dónde y cuándo viví todo esto?

30 de junio. Ayer envié un grumete para que preguntara cómo seguía el Libertador y si podía visitarle en caso de que se encontrara mejor.

Regresó con la noticia de que el enfermo había pasado pésima noche y le había aumentado la fiebre. Personalmente Bolívar me enviaba decir que, si al día siguiente se sentía mejor, me lo haría saber para que fuera a verlo. En efecto, hoy vinieron a buscarme, a la hora de mayor calor, las dos de la tarde, el general Montilla y un oficial cuyo apellido no entendí claramente. "El Libertador se siente hoy un poco mejor y estaría encantado de gozar un rato de su compañía", explicó Montilla repitiendo evidentemente palabras textuales del enfermo. Siempre se advierte en Bolívar el hombre de mundo detrás del militar y el político. Uno de los encantos de sus maneras es que la banalidad del brillante frecuentador de los salones del consulado ha cedido el paso a cierta llaneza castrense, casi hogareña, que me recuerdan al mariscal McDonald, duque de Tarento o al conde de Fernán Núñez. A esto habría que agregar un personal acento criollo, mezcla de capricho y fogosidad, que lo han hecho, según es bien conocido, hombre en extremo afortunado con las mujeres.

Me llevaron al patio de los naranjos, en donde le habían colgado una hamaca. Dos noches de fiebre marcaban su paso por un rostro que tenía algo de máscara frigia. Me acerco a saludarlo y con la mano me hace señas de que tome asiento en una silla que me han traído en ese momento. No puede hablar. El edecán Ibarra me explica en voz baja que acaba de sufrir un acceso de tos muy violento y que de nuevo ha perdido mucha sangre. Intento retirarme para no importunar al enfermo y éste se incorpora un poco y me pide con una voz ronca, que me conmueve por todo el sufrimiento que acusa:

—No, no, por favor, coronel, no se vaya usted. En un momento ya estaré bien y podemos conversar un poco. Me hará mucho bien... se lo ruego... quédese.

Cerró los ojos. Por el rostro le cruzan vagas sombras. Una expresión de alivio borra las arrugas de la frente, suaviza las comisuras de los labios. Casi sonríe. Tomé asiento mientras Ibarra se retiraba en silencio. Transcurrido un cuarto de hora pareció despertar de un largo sueño. Se excusó por haberme hecho llamar creyendo que iba a estar en condiciones de conversar un rato. "Hábleme un poco de usted —agregó—, cuál es su impresión de todo esto", y subrayó estas palabras con un gesto de la mano. Le respondí que me era un poco difícil todavía formular un juicio cierto sobre mis impresiones. Le comenté de mi sensación en la noche, frente a la ciudad amurallada, ese intemporal y vago hundirme en algo vivido no sé dónde ni cuándo. Empezó entonces a hablarme de América, de estas repúblicas nacidas de su espada y de las cuales, sin embargo, allá en su más íntimo ser, se siente a menudo por completo ajeno.

—Aquí se frustra toda empresa humana —comentó—. El desorden vertiginoso del paisaje, los ríos inmensos, el caos de los elementos, la vastedad de las selvas, el clima implacable, trabajan la voluntad y minan las razones profundas, esenciales, para vivir, que heredamos de ustedes. Esas razones nos impulsan todavía, pero en el camino nos perdemos en la hueca retórica y en la sanguinaria violencia que todo lo arrasa. Queda una conciencia de lo que debimos hacer y no hicimos y que sigue trabajando allá adentro, haciéndonos inconformes, astutos, frustrados, ruidosos, inconstantes. Los que hemos enterrado en estos montes lo mejor de nuestras vidas, conocemos demasiado bien los extremos a que conduce esta inconformidad estéril y retorcida. ¿Sabe usted que cuando yo pedí la libertad para los esclavos, las voces clandestinas que conspiraron contra el proyecto e impidieron su cumplimiento fueron las de mis compañeros de lucha, los mismos que se jugaron la vida cruzando a mi lado los Andes para vencer en el Pantano de Vargas, en Boyacá y en Ayacucho; los mismos que habían padecido prisión y miserias sin cuento en las cárceles de Cartagena, el Callao y Cádiz de manos de los españoles? ¿Cómo se puede explicar esto si no es por una mezquindad, una pobreza de alma propias de aquellos que no saben quiénes son, ni de dónde son, ni para qué están en la tierra? El que yo haya descubierto en ellos esta condición, el que la haya conocido desde siempre y tratado de modificarla y subsanarla, me ha convertido ahora en un profeta incómodo, en un extranjero molesto. Por esto sobro en Colombia, mi querido coronel, pero un hado extraño dispone que yo muera con un pie en el estribo, indicándome así que tampoco mi lugar, la tumba que me corresponde, está allende el Atlántico.

Hablaba con febril excitación. Me atreví a sugerirle descanso y que tratara de olvidar lo irremediable y propio de toda condición humana. Traje al caso algunos ejemplos harto patentes y dolorosos de la reciente historia de Europa. Se quedó pensativo un momento. Su respiración se regularizó, su mirada perdió la delirante intensidad que me había hecho temer una nueva crisis.

—Da igual, Napierski, da igual, con esto no hay ya nada que hacer —comentó señalando hacia su pecho—, no vamos a detener la labor de la muerte callando lo que nos duele. Más vale dejarlo salir, menos daño ha de hacernos hablándolo con amigos como usted.

Era la primera vez que me trataba con tan amistosa confianza y esto me conmovió, naturalmente. Seguimos conversando. Volví a comentarle de Europa, la desorientación de quienes aún añoraban las glorias del Imperio, la necedad de los gobernantes que intentaban detener con viejas mañas y rutinas de gabinete un proceso irreversible. Le hablé de la tiranía rusa en mi patria, de nuestra frustración de los planes de alzamiento preparados en París. Me escuchaba con interés mientras una vaga sonrisa, un gesto de amable escepticismo, le recorría el rostro.

—Ustedes saldrán de esas crisis, Napierski, siempre han superado esas épocas de oscuridad, ya vendrán para Europa tiempos nuevos de prosperidad y grandeza para todos. Mientras tanto nosotros, aquí en América, nos iremos hundiendo en un caos de estériles guerras civiles, de conspiraciones sórdidas y en ellas se perderán toda la energía, toda la fe, toda la razón necesarias para aprovechar y dar sentido al esfuerzo que nos hizo libres. No tenemos remedio, coronel, así somos, así nacimos...

Nos interrumpió el edecán Ibarra que traía un sobre y lo entregó al enfermo. Reconoció al instante la letra y me explicó sonriente: "Me va a perdonar que lea esta carta ahora, Napierski. La escribe alguien a quien debo la vida y que me sigue siendo fiel con lo mejor de su alma." Me retiré a un rincón para dejarlo en libertad y comenté algunos detalles de mis planes con Ibarra.

Cuando Bolívar terminó de leer los dos pliegos, escritos en una letra menuda con grandes mayúsculas semejantes a arabescos, nos llamó a su lado. Estaba muy cambiado, casi dijera que rejuvenecido. Nos quedamos un largo rato en silencio. Miraba el cielo por entre los naranjos en flor. Suspiró hondamente y me habló con cierto acento de ligereza y hasta de coquetería.

—Esto de morir con el corazón joven tiene sus ventajas, coronel. Contra eso sí no pueden ni la mezquindad de los conspiradores ni el olvido de los próximos ni el capricho de los elementos... ni la ruina del cuerpo. Necesito estar solo un rato. Venga por aquí más a menudo. Usted ya es de los nuestros, coronel, y a pesar de su magnífico castellano a los dos nos sirve practicar un poco el francés que se nos está empolvando.

Me despedí con la satisfacción de ver al enfermo con mejores ánimos. Antes de tornar a la fragata, Ibarra me acompañó a comprar algunas cosas en el centro de la ciudad que tiene algo de Cádiz y mucho de Túnez o Algeciras. Mientras recorríamos las blancas calles en sombra, con casas llenas de balcones y amplios patios a los que invitaba la húmeda frescura de una vegetación espléndida, me contó los amores de Bolívar con una dama ecuatoriana que le había salvado la vida, gracias a su valor y serenidad, cuando se enfrentó, sola, a los conspiradores que iban a asesinar al héroe en sus habitaciones del Palacio de San Carlos en Bogotá. Muchos de ellos eran antiguos compañeros de armas, hechura suya casi todos. Ahora comprendo la amargura de sus palabras esta tarde.

1º de julio. He decidido quedarme en Colombia, por lo menos hasta el regreso de la fragata. Ciertas vagas razones, difíciles de precisar en el papel, me han decidido a permanecer al lado de este hombre que, desde hoy, se encamina derecho hacia la muerte ante la indiferencia, si no el rencor, de quienes todo le deben.

Si mi propósito era alistarme en el ejército de la Gran Colombia y circunstancias adversas me han impedido hacerlo, es natural que preste al menos el simple servicio de mi compañía y devoción a quien organizó y llevó a la victoria, a través de cinco naciones, esas mismas armas. Si bien es cierto que quienes ahora le rodean, cinco o seis personas, le muestran un afecto y lealtad sin límites, ninguno puede darle el consuelo y el alivio que nuestra afinidad de educación y de recuerdos le proporciona. A pesar de la respetuosa distancia de nuestras relaciones, me doy cuenta de que hay ciertos temas que sólo conmigo trata y cuando lo hace es con el placer de quien renueva viejas relaciones de juventud. Lo noto hasta en ciertos giros del idioma francés que le brotan en su charla conmigo y que son los mismos impuestos en los salones del consulado por Barras, Talleyrand y los amigos de Josefina.

El Libertador ha tenido una recaída de la cual, al decir del médico que lo atiende —y sobre cuya preparación tengo cada día mayores dudas—, no volverá a recobrarse. La causa ha sido una noticia que recibió ayer mismo. Estaba en su cuarto, recostado en el catre de campaña en donde descansaba un poco de la silla en donde pasa la mayor parte del tiempo, cuando, tras un breve y agitado murmullo, tocaron a la puerta.

—¿Quién es? —preguntó el enfermo incorporándose.

—Correo de Bogotá, Excelencia —contestó Ibarra.

Bolívar trató de ponerse en pie pero volvió a recostarse sacudido por un fuerte golpe de tos. Le alcancé un vaso con agua, tomó de ella algunos sorbos e hizo pasar a su edecán. Ibarra traía el rostro descompuesto a pesar del esfuerzo que hacía por dominarse. Bolívar se le quedó mirando y le preguntó intrigado.

—¿Quién trae el correo?

—El capitán Arrázola, Excelencia —contestó el otro con voz pastosa y débil.

—¿Arrázola? ¿El que fue ayudante de Santander?... Ése viene más a espiar que a traer noticias. En fin... que entre. ¿Pero qué le pasa a usted, Ibarra? —inquirió preocupado al ver que el edecán no se movía.

—Mi general..., Excelencia..., prepárse a recibir una terrible noticia.

Y las lágrimas, a punto de brotarle de los ojos, le obligaron a dar media vuelta y salir. Afuera volvió a hablar con alguien. Se oían carreras y ruidos de gente que se agrupaba alrededor del recién llegado. Bolívar permaneció rígido, mirando hacia la puerta. Entró de nuevo Ibarra seguido por un oficial en uniforme de servicio, con el rostro cruzado por una delgada cicatriz de color oscuro. Su mirada inquieta recorrió la habitación hasta quedarse detenida en el lecho donde le observaban fijamente. Se presentó poniéndose en posición de firmes.

—Capitán Vicente Arrázola, Excelencia.

—Siéntese, Arrázola —le invitó Bolívar sin quitarle la vista de encima. Arrázola siguió en pie, rígido—. ¿Qué noticias nos trae de Bogotá? ¿Cómo están las cosas por allá?

—Muy agitadas, Excelencia, y le traigo nuevas que me temo van a herirle en forma que me siento culpable de ser quien tenga que dárselas.

Los ojos inmensamente abiertos de Bolívar se fijaron en el vacío.

—Ya hay pocas cosas que puedan herirme, Arrázola. Serénese y dígame de qué se trata.

El capitán dudó un instante, intentó hablar, se arrepintió y sacando una carta del portafolio con el escudo de Colombia que traía bajo el brazo, se la alcanzó al Libertador. Éste rasgó el sobre y comenzó a leer unos breves renglones que se veían escritos apresuradamente. En este momento entró en punta de pie el general Montilla, quien se acercó con los ojos irritados y el rostro pálido. Un gemido de bestia herida partió del catre de campaña sobrecogiéndonos a todos. Bolívar saltó del lecho como un felino y tomando por las solapas al oficial le gritó con voz terrible:

—¡Miserables! ¿Quiénes fueron los miserables que hicieron esto? ¿Quiénes? ¡Dígamelo, se lo ordeno, Arrázola! —y sacudía al oficial con una fuerza inusitada—, ¿¡Quién pudo cometer tan estúpido crimen!?

Ibarra y Montilla acudieron a separarlo de Arrázola, quien lo miraba espantado y dolorido. De un manotón logró soltarse de los brazos que lo retenían y se fue tambaleando hacia la silla en donde se derrumbó dándonos la espalda. Tras un momento en que no supimos que hacer, Montilla nos invitó con un gesto a salir del cuarto y dejar solo al Libertador. Al abandonar la habitación me pareció ver que sus hombros bajaban y subían al impulso de un llanto secreto y desolado.

Cuando salí al patio todos los presentes mostraban una profunda congoja. Me acerqué al general Laurencio Silva, con quien he hecho amistad y le pregunté lo que pasaba. Me informó que habían asesinado en una emboscada al Gran Mariscal de Ayacucho, don Antonio José de Sucre.

—Es el amigo más estimado del Libertador, a quien quería como a un padre. Por su desinterés en los honores y su modestia, tenía algo de santo y de niño que nos hizo respetarlo siempre y que fuera adorado por la tropa —me explicó mientras pasaba su mano por el rostro en un gesto desesperado.

Permanecí toda la tarde en el Pie de la Popa. Vagué por corredores y patios hasta cuando, entrada ya la noche, me encontré con el general Montilla, quien en compañía de Silva y del capitán Arrázola me buscaban para invitarme a cenar con ellos.

—No nos deje ahora, coronel —me pidió Montilla—, ayúdenos a acompañar al Libertador, a quien esta noticia le hará más daño que todos los otros dolores de su vida juntos.

Accedí gustoso y nos sentamos a la mesa que habían servido en un comedor que daba al castillo de San Felipe. La sobremesa se alargó sin que nadie se atreviera a importunar al enfermo. Hacia las once, Ibarra entró en el cuarto con una palmatoria y una taza de té. Permaneció allí un rato y cuando salió nos dijo que el Libertador quería que le hiciéramos un rato de compañía. Lo encontramos tendido en el catre, envuelto completamente en una sábana empapada en el sudor de la fiebre, que le había aumentado en forma alarmante. Su rostro tenía de nuevo esa desencajada expresión de máscara funeraria helénica, los ojos abiertos y hundidos desaparecían en las cuencas, y, a la luz de la vela, sólo se veían en su lugar dos grandes huecos que daban a un vacío que se suponía amargo y sin sosiego según era la expresión de la fina boca entreabierta.

Me acerqué y le manifesté mi pesar por la muerte del Gran Mariscal. Sin contestarme, retuvo un instante mi mano en la suya. Nos sentamos alrededor del catre sin saber qué decir ni cómo alejar al enfermo del dolor que le consumía. Con voz honda y cavernosa que llenó toda la estancia en sombras, preguntó de pronto dirigiéndose a Silva:

—¿Cuántos años tenía Sucre? ¿Usted recuerda?

—Treinta y cinco, Excelencia. Los cumplió en febrero.

—Y su esposa, ¿está en Colombia?

—No, Excelencia. Le esperaba en Quito. Iba a reunirse con ella.

De nuevo quedaron en silencio un buen rato. Ibarra trajo más té y le hizo tomar al enfermo unas cucharadas que le habían recetado para bajar la temperatura. Bolívar se incorporó en el lecho y le pusimos unos cojines para sostenerlo y que estuviera más cómodo. Iniciábamos una de esas vagas conversaciones de quienes buscan alejarse de un determinado asunto, cuando de repente empezó a hablar un poco para sí mismo y a veces dirigiéndose a mí concretamente.

—Es como si la muerte viniera a anunciarme con este golpe su propósito. Un primer golpe de guadaña para probar el filo de la hoja. Le hubiera usted conocido, Napierski. El calor de su mirada un tanto despistada, su avanzar con los hombros un poco caídos y el cuerpo desgonzado, dando siempre la impresión de cruzar un salón tratando de no ser notado. Y ese gesto suyo de frotar con el dedo cordial el mango de su sable. Su voz chillona y las eses silbadas y huidizas que imitaba tan bien Manuelita haciéndole ruborizar. Sus silencios de tímido. Sus respuestas a veces bruscas, cortantes pero siempre claras y francas... Cómo debió tomarlo por sorpresa la muerte. Cómo se preguntaría con el último aliento de vida, la razón, el porqué del crimen... "Usted y yo moriremos viejos, me dijo una vez en Lima, ya no hay quien nos mate después de lo que hemos pasado"... Siempre iluso, siempre generoso, siempre crédulo, siempre dispuesto a reconocer en las gentes las mejores virtudes, las mismas que él sin notarlo ni proponérselo, cultivaba en sí mismo tan hermosamente... Berruecos... Berruecos... Un paso oscuro en la cordillera. Un monte sombrío con los chillidos de los monos siguiéndonos todo el día. Mala gente esa... Siempre dieron qué hacer. Nunca se nos sumaron abiertamente. Los más humillados quizá, los menos beneficiados por la Corona y por ello los más sumisos, los menos fuertes. ¡Qué poco han valido todos los años de batallar, ordenar, sufrir, gobernar, construir, para terminar acosados por los mismos imbéciles de siempre, los astutos políticos con alma de peluquero y trucos de notario que saben matar y seguir sonriendo y adulando. Nadie ha entendido aquí nada. La muerte se llevó a los mejores, todo queda en manos de los más listos, los más sinuosos que ahora derrochan la herencia ganada con tanto dolor y tanta muerte...

Recostó la cabeza en la almohada. La fiebre le hacía temblar levemente. Volvió a mirar a Ibarra.

—No habrá tal viaje a Francia. Aquí nos quedamos aunque no nos quieran.

Una arcada de náuseas lo dobló sobre el catre. Vomitó entre punzadas que casi le hacían perder el sentido. Una mancha de sangre comenzó a extenderse por las sábanas y a gotear pausadamente en el piso. Con la mirada perdida murmuraba delirante: "Berruecos... Berruecos... ¿Por qué a él?... ¿Por qué así?"

Y se desplomó sin sentido. Alguien fue por el médico, quien, después de un examen detenido, se limitó a explicarnos que el enfermo se hallaba al final de sus fuerzas y era aventurado predecir la marcha del mal, cuya identidad no podía diagnosticar.

Me quedé hasta las primeras horas de la madrugada, cuando regresé a la fragata. He meditado largamente en mi camarote y acabo de comunicar al capitán mi decisión de quedarme en Cartagena y esperar aquí su regreso de Venezuela, que calcula será dentro de dos meses. Mañana hablaré con mi amigo el general Silva para que me ayude a buscar alojamiento en la ciudad. El calor aumenta y de las murallas viene un olor de frutas en descomposición y de húmeda carroña salobre.

5 de julio. Ayer llegó el correo de Francia. Recibí noticias de mis hijos y una carta de crédito para los agentes de mis banqueros en Bogotá. Así se hace más soportable mi estada en Colombia y podré permanecer aquí todo el tiempo necesario, hasta cuando se decida la suerte de Bolívar.

Esta tarde di un paseo por las murallas en compañía del capitán Arrázola. Hablamos largamente. Debo reconocer que me hallaba un tanto mal dispuesto hacia él por cierta reticencia de Bolívar y sus allegados cuando se hace mención de su nombre. Me ha parecido, no solamente un hombre de gran simpatía personal, sino también un soldado intachable. La cicatriz que le cruza la cara es debida a un sablazo sufrido en la batalla de las Queseras del Medio, en donde sostuvo casi solo una batería hasta caer la noche. Se queja de que no se le han reconocido sus servicios y guarda cierta amargura más que contra ninguna persona en particular, contra el desorden, la mezquindad y la incuria que reina en el país. Su trato con políticos y gentes del Congreso en Bogotá le han enseñado a esconder con cautela sus opiniones. Admira a Bolívar pero cree que peca de idealista. Lo compara con el sinuoso, opaco y eficaz Santander, sabio en artimañas de leguleyo y dedicado a hacerle el juego al grupo de familias que comienzan a cosechar con avidez los frutos de la independencia. Confirmo, ahora, cierta impresión que me van dando las gentes de esta tierra a medida que las conozco y frecuento. Tienen todos un brillante talento y mucha gracia y soltura en su trato, ideas muy poco claras sobre la realidad en que viven, y una oculta y como vergonzosa nostalgia de los fastos virreinales donde, suponen, hubieran gozado por la prosapia de su nombre y la cuantía de sus bienes, de más brillante fortuna que las que les tocó en suerte después de la independencia. Es la ventaja que les lleva Bolívar a todos ellos. Su juventud vivida con espléndido derroche en la corte de Madrid y en los salones de París del Consulado y el Imperio, su familiaridad con gentes que aún conservaban los mejores modales y las más cáusticas ideas del *Ancien Régime*, le dieron otra perspectiva y una más justa imagen de su destino y el de estas repúblicas.

Arrázola me contó ciertos detalles del atentado de septiembre del año pasado. Me señala que el perdón hacia los verdaderos culpables e instigadores del crimen es fruto, no tanto de la bondad de Bolívar, como rasgo muy personal de su carácter, marcado con un escéptico fatalismo y un hondo conocimiento de los secretos resortes que mueven a estas gentes. De ahí, pienso, el desprendimiento y la distancia que caracterizan su trato. Recuerdo, ahora, una frase que le escuché en días pasados: "Toda relación con los hombres deja un germen funesto de desorden que nos acerca a la muerte." Hablamos de sus amores. Su capricho por Manuelita Sáenz. Pero, en el fondo, la misma lejanía, el mismo desprendimiento.

10 de julio. Hoy me relató el Libertador un sueño que ha tenido en estos últimos días en forma recurrente y que lo intriga sobremanera. Hablábamos de la importancia que los romanos concedían a los sueños y me dijo:

—Voy a contarle un sueño que, con ligeras variantes, me visita desde hace algunas semanas y cuyo significado se me escapa por completo. Me dormí con la ventana abierta y el aroma de los naranjos invadía la habitación. Me encontré paseando por los jardines de Aranjuez. Me sentía levemente cansado y con los miembros como doloridos por una larga caminata. La frescura del paisaje comenzó a aliviarme y adquirí nuevas energías. Sentí, de pronto, que tenía una larga vida por delante. Los jardines se extendían hasta el horizonte en suaves ondulaciones. En realidad sólo tenían en común con los de Aranjuez el intenso perfume de los naranjos y esa luz tamizada por la azulosa neblina castellana. Llegué hasta una escalinata que conducía a un corredor con pérgola, que se perdía en un umbroso laberinto cruzado velozmente por callados insectos. Me senté en el primer peldaño de la escalinata y al sacar un pañuelo para secarme el sudor del rostro, me di cuenta de que estaba vestido a la moda de principios de siglo, con ajustado pantalón color marfil y una levita azul marino de corte inglés con grandes solapas y cuello levantado. Me llevé la mano al bolsillo del reloj para mirar la hora y una punzada de dolor me inmovilizó en el acto. Un dolor

101

agudo, que nacía precisamente en el lugar en donde estaba el reloj, me subía hasta el pecho dificultando la respiración. Descubrí que conteniendo ésta lo más posible y retirando cautelosamente los dedos del bolsillo, conseguía engañar la tortura e ir retirando el reloj sin que aumentara aquélla. Cuando por fin pude mirar el cuadrante, el dolor había desaparecido. Pero el reloj resultó ser de una materia frágil semejante al papel y, al sacarlo del bolsillo, los punteros se habían doblado y no señalaban hora alguna. Sentí una repentina vergüenza y, cuando intentaba esconder el arrugado objeto tras las enredaderas que trepaban hacia la pérgola, advertí que alguien me observaba desde lo alto de las escalinatas. Allí estaba, en efecto, una mujer de formas amplias y agresiva frescura, con el rostro oculto en la sombra del emparrado. La blusa abierta hasta la cintura, dejaba casi al descubierto unos pechos grandes y firmes, y la falda, ceñida por la brisa denunciaba el doble arco de unos muslos largos y espesos que remataban en el promontorio del sexo. La mujer me habló desde la sombra:

—Es inútil que intentes ocultar esa huella, querido. El día menos pensado te nacen del mismo cuerpo y es entonces cuando la verdad hace daño.

—Señora, le respondí intimidado, traigo una tarjeta de presentación que me dio mi tío, y además, que yo sepa, esta parte de los jardines está abierta al público y se puede pasear aquí libremente.

Una carcajada chulapa, caliente y agresiva estremeció el cuerpo de la mujer hasta descubrir por completo uno de los pechos que se mecía al aire a impulsos de la risa y tenía un gran pezón erecto, oscuro y extendido como una gran ojera.

—Debe ser el miedo lo que te hace tan fino, contestó mientras comenzaba a descender los peldaños; lo que quise decirte es que ya no es tiempo de que nos agotemos el uno contra el otro allá en los escondrijos en la vega del río. Ya eres casi nada, muchacho, a pesar de tus prendas de Inglaterra y tus alhajas francesas.

Sus ojos verdes y tristes me miraban fijamente. Las aletas de la nariz, recta y saliente, palpitaban con la agitada respiración de un deseo insatisfecho, de lo cual, sin yo saber por qué, me sentía culpable. También yo, para entonces, comenzaba a excitarme pero algo me indicaba que, de intentar acercarme a la hembra y tocarla, volvería el punzante dolor a paralizarme. Ella pasó a mi lado y me dijo con voz ronca:

—No vale la pena. No te muevas. Ni siquiera te digo que otra vez será, porque ya no habrá otra vez. Pero sé valiente, guapo, es lo único que te queda por hacer y debes hacerlo bien.

La seguí con la vista hasta cuando se perdió tras unos arbustos coronados de lirios. De pronto me sentí abandonado y solo en medio del agobiante desorden de esos corredores en sombra que tendría que recorrer hasta hallar la salida. Además, había el temor a los insectos que, cargados de veneno, partían del techo vegetal y se perdían hacia el oscuro fondo, sin zumbido alguno que anunciara su presencia. Me interné bajo las pérgolas y, a medida que avanzaba, la vegetación fue haciéndose más densa. Los insectos cruzaban a mi lado excitados por mi presencia. Tenían una estructura blanda y plumosa como pequeñas aves de una vitalidad inagotable. El interior de la pérgola era ahora un socavón de mármol reluciente. Recostado en la pared, un mendigo ciego rasgaba una guitarra que resonaba en el fresco ámbito como si fuera un clavicordio. Al pasar a su lado el ciego me habló: "De caridad una limosna para el monumento al Mariscal de Berruecos." Me fui confundiendo con el ciego y cuando me invadía ya la oscuridad de su vista, una tristeza desgarradora, antigua y familiar, me despertó bruscamente...

Calló por unos minutos y alzó el rostro interrogándome no sin cierta ansiedad. No sabía muy bien qué decirle. El relato del sueño me había dejado una vaga inquietud. Había en él una presencia, un mensaje que dejaba en el alma un aroma de terror, un fúnebre aviso difícil de precisar. Traté de salir del paso con alguna banalidad superficial y él me interrumpió suavemente:

—No se esfuerce, Napierski. Usted y yo sabemos qué significa todo esto. Lo que nunca imaginé era que se me anunciara en esta forma. El sueño va cambiando y en cada ocasión es más claro lo que anuncia. Ya veremos qué nos dice más adelante.

Una vieja familiaridad con la muerte se me hace evidente en este hombre, que, desde joven, debe venir interrogándose sobre su fin en el silencio de su alma de huérfano solitario.

ANTES DE QUE CANTE EL GALLO

Comenzaron a verse la primeras casas de la ciudad. Seguían alegando, ahora con largas pausas que renovaban las reservas de rencor en cada uno de los presentes. Al perder el Maestro la paciencia y ordenar que cesara la disputa, todos guardaron un temeroso silencio en el interior del vehículo.

—¡Basta ya! —gritó con repentina energía, que no dejaba lugar a réplica ni a desobediencia.

Venían discutiendo desde cuando subieron al destartalado autobús con toscas bancas de madera que los recogió a orillas del lago. Era algo relacionado con la cuenta del hotel pendiente desde la última vez que predicaron por allí. Al recogerlos el ómnibus, el que parecía su jefe y de cuya mirada se desprendía una febril tensión interior, atemperada por una dulzura melosa, les hizo ademán de terminar la disputa con el evidente propósito de que los pasajeros no se enteraran del asunto. Pero la terquedad del más viejo de los doce, que estaba vestido como los pescadores del puerto, y la inagotable y rabiosa facundia del encargado de los fondos que llevaba sobre sus mugrientas ropas una no menos astrosa gabardina abotonada hasta el cuello, pudieron más que la explosiva autoridad del jefe que miraba nerviosamente a los demás pasajeros tratando de sonreír y restarle así importancia al asunto.

Con ánimo sobrecogido bajaron en la terminal, situada en uno de los costados del mercado.

No era la primera vez que visitaban el lugar. Gozaban allí de alguna popularidad entre las gentes del mercado, en los muelles, en las pescaderías y entre las mujeres del barrio de los lavaderos.

Allá se dirigieron en silencio, encabezados por un joven vestido de mecánico que hacía poco se les había unido. Era pariente de las propietarias de una casa de huéspedes, en cuyos bajos había una de esas lavanderías de ropa, características del barrio y, en general, de la ciudad. Una turba de seguidores se fue engrosando en torno al grupo y algunos, los más atrevidos, cercaron al Maestro, tocándole las ropas con fervor y respeto que no les impedía desgarrarle en ocasiones un trozo de su raída chaqueta de pana o un bolsillo del pantalón. Uno intentó arrancarle del cuello el grasiento pañuelo de seda que traía

104

a guisa de corbata y que tenía dibujados a dos colores, blanco y celeste, modelos de yates de todos los estilos y tamaños. El Maestro se defendió desmañadamente mientras increpaba al de la gabardina:

—No te reprocho —le decía— tu venalidad, ni la sordidez de tus mentiras destinadas a esconder el fruto de tus latrocinios. Bien sabes que las limosnas que recogemos nos pertenecen a todos por igual, y que te las hemos confiado, precisamente por saber en cuánta estima tienes el dinero y cuánto sabes hacerlo rendir. ¿Crees que ignoro a dónde va a parar buena parte de nuestros fondos comunes? Si yo quisiera, podría darte indicaciones aún más preciosas para multiplicar los réditos de tus inversiones, logradas con nuestra predicación. Pero está escrito que seas tú quien lleve el peso de la infamia y, aunque lo quisiera, nada podría hacer para librarte de ella. Vas, como yo, derecho a tu destino y más fácil sería detener el agua de una acequia con las manos, que torcer el curso de nuestras vidas o modificar su final.

El otro escuchaba entre irónico y temeroso, acostumbrado al lenguaje salpicado de imágenes un tanto ingenuas y de oscuridades a menudo harto banales del Maestro.

El Tesorero le guardaba una sorda inquina, nunca del todo manifiesta y que solía liberar por los caminos de la maledicencia y del embuste. La situación tuvo su origen el día en que aquél le sorprendió tratando de alzarle la falda a una de las muchachas del hospedaje, y, si bien ésta no oponía marcada resistencia, al aparecer el Maestro fingió una exagerada repugnancia.

Cuando llegaron al hotelucho, algunos de los discípulos dispersaron a los mendigos, enfermos y fanáticos que los seguían. Subieron las escaleras y fueron recibidos con muestras de cariñoso entusiasmo por parte de las dos mujeres, una de las cuales lucía un vientre rotundo e incómodo que despertó la sorpresa del muchacho y provocó en el Maestro una mueca muy suya, mezcla de asco y de lastimoso reproche. Las mujeres encinta le sacaban de quicio y lo ponían en un estado de irritabilidad y confusión, difícilmente soportable aun para sus más cercanos discípulos. Se repartieron los tres únicos cuartos desocupados que quedaban y mientras se bañaban y ponían ropa limpia, el más viejo subió a la habitación destinada al Maestro, en la terraza donde se secaba la ropa de la lavandería. Iba a informarle sobre ciertos rumores relacionados con su misión apostólica.

—Las cosas han cambiado mucho desde la última vez que estuvimos aquí, Señor. Eligieron alcalde del puerto a un representante de las compañías navieras y los grupos extremistas han sido perseguidos por la policía. Las cárceles están llenas y los sindicatos están en poder de líderes vendidos a los patronos mercantes y éstos pagan pistoleros que siembran el terror en los barrios obreros y en los muelles. Toda reunión es vigilada y no se permiten manifestaciones. Sin embargo, los estibadores y los obreros de la aduana preparan un paro y se están armando. Yo creo que, por esta vez, debemos pasar inadvertidos y concretarnos a recolectar fondos entre nuestros amigos de confianza y, una vez reunida una suma que nos permita seguir el viaje, irnos sin predicar ni agitar a la gente, que ya está bastante inquieta por la acción de los agitadores de uno y otro bando.

No pudo ser más inoportuno, ni sus consejos hallar una reacción más opuesta a la que buscara el viejo pescador. La irritación contenida durante la querella en el autobús, el cansancio del viaje y la inesperada gravidez de la muchacha, estalló con violencia.

—Digna de ti y de tu senil puerilidad es esta estúpida manera de ver las cosas. Nunca aprenderás a conocer cuándo una situación está madura para ser aprovechada en favor nuestro y de nuestra fe. Tú, como todos los otros pusilánimes que me siguen por pura gandulería, siempre crees que nuestra misión consiste en predicar a los simples, hacer milagros ante los incautos, vivir de su mezquina limosna, aprovecharnos de su hospitalidad y comer en su mesa. Cama blanca, buena cena y mujeres fáciles, esa es toda vuestra ambición. Todos son unos cerdos que siguen revolcándose en la inmundicia en que nacieron. —Y continuó vociferando—: Cuando se presenta, por expresa y divina disposición de lo alto, la oportunidad de lanzarnos al sacrificio y demostrar con nuestra sangre la fecunda verdad de la doctrina, entonces corren aterrados como ratas. ¡Ya verás, insensato, cuál será la cosecha que ganaremos hoy! ¡Cuánto hay que aprovechar del desorden que reina en la ciudad! ¡De nosotros depende que todo sea para bien de nuestra causa! ¡Nos lanzaremos a la lucha y encenderemos una hoguera que arderá por los siglos de los siglos! ¡Ha llegando el momento esperado! ¡Estamos maduros para inmolarnos y perpetuar la maravilla de nuestro ejemplo! ¡Levántate,. bribón! ¡Levántate y llama a los demás. Vamos a la calle. Reuniremos a la gente y predicaremos en los muelles a la hora de mayor movimiento en el puerto!

Sólo los años y la familiaridad con el mar hacen posible una de esas frecuentes intuiciones como la que entonces tuvo el anciano. Se le apareció con toda claridad el instante del futuro donde aguardaban las escenas del fin precipitado por el arbitrario humor del jefe. Intuyó que no había ya remedio y era menester librar los hechos a sus fuerzas originales y tratar de salvar la poca materia de vida que los ancianos suelen perseguir con tan ávida certeza sobre su destino.

Sin contestar palabra, ayudó al otro a vestirse y cuando le anudaba alrededor del cuello la bufanda de los yates, le miró a la cara y leyó en ella la tragedia que se preparaba.

Bajaron. Los demás esperaban ya en la puerta. El más joven contestaba a un hombre que se había acercado al grupo para preguntar por el precio de los cuartos. El pescador y el de la bufanda irrumpieron cortando bruscamente la conversación.

—¡Vamos al puerto —exclamó el Maestro—, nos esperan los que tienen hambre y sed de justicia!

El extraño les vio alejarse y se escurrió con tal rapidez que cuando quisieron buscarle ya había desaparecido. Un escalofrío corrió por la espalda del viejo. El grupo echó a andar seguido de lejos por el de la gabardina, que se había quedado ajustando ciertas cuentas con las mujeres del hotel, y que trataba de alcanzarlos con un paso presuroso y firme, al parecer liberado de todo esfuerzo muscular. El grupo lo formaban gentes de diversa condición y procedencia. Había dos obreros de la fábrica de envases del lago, que dejaron su trabajo en plena cosecha de melocotones y cuando los sobresueldos alcanzaban sumas halagadoras. Un conductor de tren que les dejó viajar sin pasaje, cuando sólo eran cinco y que terminó por bajar con ellos, después de un largo viaje de tres días. Durante el trayecto, el Maestro se había lanzado a predicar en los coches, introduciendo el desorden en el tren, hasta el punto de que el maquinista tuvo que parar en mitad de la vía, en dos ocasiones, para ver de calmar los alaridos histéricos de las mujeres y las ruidosas confesiones de los pecadores que, heridos por el remordimiento, se lanzaban a vociferar la lista de sus culpas. Allí se les unieron también, un agente viajero, negociante de moneda en la frontera y un joven vendedor de aves disecadas, adorno de las salas de los ricos burgueses y los salones de espera de los burdeles de postín. Después llegó un pintor de letreros y anuncios a quien el iluminado cabecilla increpó en pleno camino por prestarse a propagar el abominable pecado de la publicidad. El hombre había dejado en el andamio los botes de pintura y las brochas con que estaba pintando una tersa y gigantesca axila de mujer, que atestiguaba las excelencias de un eficaz depilador. Por varios años sus familiares le dieron por muerto y ello se prestó para que circulara la especie de su resurrección de manos del Maestro. Dos pescadores jóvenes y el mecánico que arreglaba los motores de las lanchas, que era el más joven de todos, habían seguido al viejo pescador que ya conocemos.

Los dos restantes eran, al parecer, parientes del jefe y ebanistas de oficio y se distinguían por su circunspección y timidez. Daban la impresión de saber algo y que temieran decirlo si se entregaban mucho a la conversación.

El de la gabardina les había facilitado en alquiler un equipo amplificador de sonido y, al observar los resultados obtenidos con los sermones, resolvió sumárseles, en parte por cierta secreta atracción hacia el papel que le esperaba en toda la historia y, también, para escapar de algunas deudas que había contraído en la ciudad, después de intentar, sin fortuna, negocios de varia índole.

No obstante la diversidad de su origen y de sus profesiones y de las razones que les llevaron a seguir al hombre, todos tenían fe absoluta en su poder taumatúrgico y en la bondad de su doctrina. A pesar de los temibles cambios de humor del Maestro, un cierto sereno y robusto sentido de la justicia y de la fraternidad humanas, que determinaba sus actos, hacía que la fe de aquellos hombres fuera inconmovible.

Cuando llegaron al puerto comenzaban a descargar dos grandes buques que atracaron al mediodía con un cargamento de cristal. Venían de lejanos países de hielo y niebla y estaban pintados de blanco, con excepción de las chimeneas, que lucían rombos amarillos y celestes. El turno de estibadores y mecánicos de las grúas vigilaba con creciente tensión la delicada tarea. Los patrones anunciaron que cada pieza que se rompiera sería proporcionalmente descontada del jornal. El grupo observó la operación de descargue de los pesados cajones que soltaban, al viajar por el aire guiados con hermosa pericia por las grandes grúas, un polvillo de fina paja y arena blanca que cegaba los ojos y los hacía llorar constantemente. Un capitoso y salino aroma de mariscos y frutos del mar se mezclaba con el fresco olor de pino de los cajones y con el humo de las chimeneas, evocador de los cielos bajos y grises de las ciudades industriales del Norte. Para hacer posible la operación en un solo turno, las mujeres habían llevado sus portaviandas y canastos con merienda, pero al ver al Maestro y a sus discípulos los rodearon con reverencia para escucharle. Uno que otro extraño y algunos guardias se acercaron también a oír.

Lo que dijo el Maestro no tuvo virulencia particular ni fue su palabra más encendida que otras veces. Pero el terreno estaba preparado para recibir la semilla de violencia y a la creciente agitación de las mujeres, vino a sumarse la febril atención de los cargadores y maquinistas. Cuando los discípulos se dieron cuenta de que algo anormal sucedía, hacía buen rato que las grúas se habían detenido y la sirena había sonado anunciando la breve tregua de la cena.

El viejo pescador y el agente viajero fueron los primeros en darse cuenta de que algo insólito se avecinaba. Los policías y los extraños que se sumaron a los fieles no se veían ahora por ninguna parte. En toda el área del puerto paralizado y mudo, sólo la voz del hombre se alzaba como un alto surtidor hacia el dorado sol de la tarde.

De pronto, un chillido, mezcla de queja y de grito contenido, se oyó sobre la voz del Maestro y todos volvieron la vista hacia el lugar de donde venía el lamento. Un enorme cajón había quedado suspendido en mitad de su viaje y se mecía en la altura al impulso del aire fresco del anochecer. Las cuerdas se quejaban al peso de la cristalería y una nubecilla de paja se desprendía de las tablas de pino y revoloteaba jugando con la brisa y alejándose hacia el mar.

El Maestro dejó de predicar y se quedó mirando la vasta extensión marina que se perdía en el horizonte con el mecido ritmo de una libertad sin fronteras.

Irrumpieron de pronto los piquetes de granaderos, aullaron las sirenas de las patrullas de la policía portuaria, que cerraban el paso en las bocacalles, y estalló la primera granada de gases. Cuando despertaron de su momentáneo ensueño, las culatas se ensañaban ya contra hombres y mujeres que rodaban por el suelo escupiendo sangre y llorando de terror.

La policía se contentó con dispersar a los curiosos y descargó toda su furia contra el núcleo de los discípulos y desde luego contra el Jefe. A culatazos y golpes de macana los metieron en un coche celular que partió por las calles y plazas sin callar la sirena hasta llegar a la Delegación de Policía, escogida a propósito para el caso, y situada en un barrio residencial alejado del bullicioso centro de la ciudad. Iban a parar allí, uno que otro hijo descarriado que se había pasado de copas y alguna sirvienta que había dejado entrar a su hombre en casa de los patrones, para que hiciera alguna pequeña ratería y dormir con él hasta la madrugada.

Era uno de esos barrios preferidos por los altos empleados de la banca, del comercio y de la administración oficial; gente de vacaciones en el mar, golf los sábados y afiliación a clubes y hermandades de beneficencia.

Se trataba de cargar sobre el Maestro y sus amigos toda la responsabilidad de la agitación que se venía percibiendo desde hacía varios días. Así se justificaban, además, ciertas medidas represivas muy eficaces para calmar la revuelta y detener cualquier intento de violencia por parte de los trabajadores de los muelles y de sus compañeros de fábricas y gremios que intentaran unírseles. El delegado había sido reemplazado ese día por uno con la consigna de actuar en determinado sentido.

Le asesoraba un improvisado equipo de eficaces colaboradores. El coche celular penetró por una amplia puerta y fue a detenerse en un extremo del patio interior del edificio. El primero en bajar renqueando fue el antiguo conductor de tren que traía un ojo cerrado por un golpe de macana. Fueron bajando los demás entre un silencio roto por esos sordos mugidos de animal acosado que lanza el hombre cuando sufren sus carnes y lo atenaza el miedo. Entraron en fila a la sala de audiencias. De pie, a la cruda luz de las lámparas, ofrecían el más lastimoso y desusado aspecto que pueda imaginarse. El dolor de los golpes y de las heridas los hacía temblar y la humillante angustia que la acción de la justicia transmite a sus víctimas en forma implacable, había hecho presa de ellos anulándoles hasta el más sencillo razonamiento. Uno a uno dieron sus datos personales, hasta llegar al Maestro, a quien le manaba la sangre de una herida en la frente y cuyo brazo izquierdo, inmovilizado, tenía cierta grotesca desviación, efecto de una fractura por varias partes, causada por los culatazos. Dijo su nombre, su edad y cuando el delegado —un hombrecito obeso, sonriente, de aspecto bonachón y de una meticulosidad de maneras que escondía apenas un fondo cruel y frío— le preguntó por su domicilio, respondió:

—No vivo en parte alguna. Mi misión es llevar la verdad por los caminos y sembrarla en todos los sitios donde los hombres sufran la injusticia y el dolor.

—Evitemos los sermones —repuso el funcionario— y vamos al grano.

—Quien pierde el tiempo conmigo, lo gana en la eternidad —respondió el otro sin inmutarse.

—Sí..., sí... Ya lo sé... Bien. Se te acusa de los delitos de subversión del orden público, conspiración contra la seguridad del estado, motín, asociación delictuosa, ejercicio ilegal de la medicina, fraude y lenocinio. Constan en autos declaraciones de testigos que prueban cada una de estas imputaciones. ¿Tienes algo que declarar?

—El que teje la mentira, teje su propia mortaja y pierde su alma —volvió a contestar el acusado con igual serenidad.

—Si tienes algo que declarar en contra de las acusaciones que te formula el Ministerio Público, dilo y, por favor, no hables más en parábolas ni con metáforas, que ya no es hora para ello y en esto te

110

va la vida, y tal vez, la de tus cómplices —le previno impaciente, el delegado.

—Si yo falté en algo, yo soy el culpable. Si ellos me siguieron fue por mi consejo y por el prestigio de mis hechos y, por lo tanto, son inocentes. No acabes de envilecer tu justicia con sacrificios inútiles.

—Eso soy yo quien va a resolverlo y no tú. ¡Que los encierren! —ordenó el delegado.

Los guardias los sacaron al patio. Atravesaron la alta y tibia claridad nocturna, turbada por el paso de soñolientas y tranquilas nubes que viajaban hacia el mar en busca de la mañana en otras tierras. Todos sintieron el hechizo de la promesa de una imposible felicidad, ofrecida en lo alto de los grandes espacios abiertos y la vanidad y pequeñez de sus asuntos. El viejo pescador se quedó rezagado contemplando la Luna y sintió de pronto subir por su sangre, turbada por el dolor y el escarnio, la ebria libertad marina en la que viviera durante tantos años de viajes y pesquerías persiguiendo cachalotes y bancos de atún, cuyo loco y nómada capricho rigiera su vida marinera. Un culatazo en los riñones lo trajo al presente.

—¡Entrando, abuelo, entrando, que ya no es tiempo de mirar al cielo! —Un empujón lo arrojó al húmedo piso de cemento por donde corrían ya desde varios puntos, hilillos de una sangre tibia y pegajosa cuyo tacto aumentaba el terror y minaba feamente las más esenciales energías. Se fue arrastrando hasta recostarse en la pared y cuando sus ojos se acostumbraron a la penumbra del calabozo, se destacó ante su vista la silueta del Maestro con el rosto envuelto en una red de sangre seca.

Mucho tiempo pasó antes de que uno de los dos hablase.

Desde el primer día, cuando el viejo lo conoció en el puerto, un tácito pacto se convino entre ellos, excluyendo de su relación ciertas fórmulas doctrinarias y ampulosas, usadas a menudo por el Maestro para distanciar a los demás discípulos. Con el viejo, la amistad surgió de un plano más profundo y una mayor verdad circulaba por entre las palabras de sus conversaciones, como si cada uno se hubiera reservado un cierto campo, un aislado dominio, en donde el otro no ejercía derecho alguno.

—¿Y ahora qué, Maestro? —preguntó al fin el viejo.

—Ahora las cosas han comenzado a ordenarse y nada podemos hacer sino esperar el milagro.

—Pero nosotros moriremos, Señor, y todo se perderá para siempre y nadie estará libre de la miseria y la injusticia fortalecerá sus cimientos sobre los hombres.

111

—Será bien por el contrario. Mi sacrificio os dará las herramientas para sembrar por el mundo la palabra salvadora y tú serás el cimiento de mi templo.

—¡Ay! Señor, estamos aislados y nadie sabe de nuestra prisión y cuando lo sepan, será por boca de quienes nos han detenido y vejado y ellos se encargarán de acomodar una versión que sirva a su propósito y nos presentarán como farsantes y criminales. Debemos tratar de salir como mejor se pueda de aquí, reconociendo algunas de las culpas que nos achacan y buscar mejor suerte en otro sitio. De lo contrario, estamos perdidos y, con nosotros, tu palabra y tu mensaje.

—Tu fe flaquea por el dolor de tus carnes y el miedo que masca tus entrañas. Nada podrán contra nosotros. Ni siquiera tu debilidad prevalecerá contra nosotros, ni contra ti mismo. En ti confío mi doctrina y mi verdad y, sin embargo, antes de que cante el gallo me negarás tres veces.

—Deliras, Señor, el miedo trabaja también tu cuerpo y te hace vernos más débiles de lo que en realidad somos.

—El gallo lo dirá. Ahora, déjame estar con mi padre.

Pedro guardó silencio y, poco después, un profundo sueño, poblado de angustia y de mudos gritos de terror, le obligó a recostar la cabeza en el hombro de su compañero cuya mirada se perdía en una eternidad sin nombre de la que solía derivar la materia de sus milagros y predicaciones.

El anciano despertó sobresaltado. Gritaban su nombre, lo gritaban los guardias y lo repetían, en voz baja, sus compañeros. Se incorporó adormilado y entumecido y salió a la frescura de la madrugada que lavaba el patio con una lechosa sustancia hecha de frío, brisa marina y rocío condensado sobre el sueño de la ciudad. Respiró hondamente y una ansia de vivir, de seguir de pie sobre la tierra, de gozar de esas cosas perdurables y simples que hacen del mundo el único lugar posible para el hombre, le atenazó la garganta y le subió en un hondo sollozo que casi era de alegría.

Lo llevaron de nuevo ante el delegado. Revolvió éste con calma unos papeles, tomó los que buscaba e inició su interrogatorio.

—¿Así que tienes licencia de pescador? En tu hoja no hay ningún mal antecedente. Por el contrario, veo que tienes dos citaciones del Club de Salvavidas, por auxiliar en dos ocasiones a compañeros en peligro. Bien se ve que no eres de la misma clase que los otros. No eres un aventurero sin oficio, ni un charlatán que explota la credulidad de los ignorantes. ¿Qué te ha llevado a buscar estas compañías? ¿Quién te obligó a seguirlos?

112

—Nadie me obligó, señor. Algunos son mis amigos desde hace mucho tiempo y son, como yo, gente de paz y buenos ciudadanos.

—¿Y qué dices de los otros? Los que no conocías antes, ¿qué me dices de ellos? No te merecen tan buena idea, ¿verdad? ¡Contesta!

—De los demás no sé, señor. No podría decirle mucho. Hace poco que los conozco.

—Y sin embargo, convives con ellos y con ellos conspiras, estafas a las viudas con supuestas resurrecciones y otras patrañas ya bien conocidas.

—Creo que son buenos muchachos, señor. Respecto a los milagros, existen actas notariales...

—Sí, ya sé cómo se hacen esas actas notariales. ¡No hagas más el idiota y respóndeme! ¿El Jefe es uno de esos antiguos amigos tuyos?

—No, señor. Le conocí hace apenas unos meses. Se alojó en mi casa, cuando le presté mi lancha para predicar a los pescadores que regresaban de mar adentro. No le conocía antes, señor.

—¡Ajá! ¿Y le seguiste sin conocerlo siquiera?

—No tengo ahora redes, señor. Las alquilé a unos pescadores del lago y en lugar de quedarme en casa, pues...

—¡Te lanzaste a los caminos como un buhonero! ¡Vaya, viejo, vaya! No has dado muestras de mucho juicio. ¿Qué opinas del tal Maestro? ¿Quién es? ¿De dónde viene? ¿Qué pretende con su agitación? Vamos, ¡contesta! Tú eres vecino de esta ciudad, tienes fama de hombre serio y honesto, se te aprecia entre tus compañeros de labor; ¿vas a echar a perder tu buen nombre y tu profesión, servida por tantos años con riesgo de tu vida y amargos esfuerzos, sólo por ayudar a un hombre del que no sabes siquiera quiénes son sus padres, ni dónde nació?

—No, señor. Pienso volver a mi trabajo. Quería sólo conocer un poco los caminos de tierra firme. He pasado toda mi vida navegando y nunca me había internado tierra adentro. Ya lo hice. Ahora volveré a mi trabajo.

—Bien. Veremos si no es muy tarde para arrepentirse. Ven, firma aquí y te dejaremos tranquilo; regresarás a tu lancha y a tus redes.

El viejo examinó el escrito. Era una larga y complicada secuencia de fórmulas penales que escondían algo simple: su retractación de toda connivencia o comunidad de ideas con el Maestro y una encubierta pero concluyente confesión de que lo había seguido sin fe alguna en su doctrina, y más por curiosidad y aventura que por otra causa. Firmó en silencio y fue llevado a una estrecha alcoba en donde roncaban dos oficiales. Trascendía a licor barato y a sudor agrio y penetrante. Le dieron una manta y le señalaron un pequeño

113

catre metálico que tenía un astroso colchón manchado en el centro por el uso. Allí se tendió y se sumió en el sueño.

Soñó que daba de beber a unos caballos que le miraban fijamente con sus grandes ojos acuosos y tristes, antes de bajar la cabeza hacia el balde con agua que él levantaba apenas del suelo. A lo lejos, su madre, parada en un acantilado y con las fuertes piernas abiertas para no perder el equilibrio, mecía una gran vela blanca a manera de señal hacia el mar solitario y dormido. Los caballos, al agacharse para beber, comentaban en un lenguaje incomprensible y en voz baja algo vergonzoso relacionado con la mujer y sus ademanes. Él, turbado, trataba de sonreír, como si no quisiera darse por enterado de lo que hablaban las bestias que cada vez piafaban con mayor fuerza. Le despertó el golpe de las culatas en las losas del patio. Una compañía de granaderos formaba para el rancho de la mañana.

Estuvo rondado por los corredores sin que nadie se ocupara de él. Varias veces intentó, sin éxito, descubrir el sitio en donde los encerraran la noche anterior. Se perdía en un laberinto de pasillos y puertas que se abrían y cerraban continuamente, dando paso a guardias y ayudantes que se alejaban presurosos con aire preocupado. En su mente se habían borrado las horas transcurridas desde cuando viajaban en el ómnibus por las orillas del lago, en dirección a la ciudad. Una molesta desazón le impedía estar quieto, como si tuviera algo muy urgente que hacer y no pudiera recordar qué era.

Hacia el mediodía, al abrirse una de las puertas que daban al fondo del patio, oyó un quejido como el que lanzan los toros cuando los castran con un golpe de maza, mezclado con carcajadas de mujeres al parecer ebrias. La puerta se cerró apagando los quejidos y las risas. El viejo volvió de un golpe a la realidad de la noche anterior y a los sucesos que lo habían traído allí. Pensó en el Maestro, en su inseparable bufanda, en el hombre de la gabardina. No había llegado con ellos. Tampoco había estado en el puerto. O tal vez sí. Al comienzo. Sí, estaba al comienzo, pero después se había esfumado. Y el joven mecánico y sus parientas de dudosas costumbres, y el vendedor de aves disecadas y su garrulería inagotable. Una aguda punzada le obligó a bajar la cara. Los había traicionado. Los había negado. Había negado al Maestro. Le había hecho aparecer como un desconocido al que siguió por no hallar distracción mejor durante su pasajera ociosidad. Y la verdad era que él le había presentado a su madre cuando fueron a las montañas durante el verano, y juntos habían ido donde el padre para contratar con él un trabajo de carpintería en la lancha del pescador y los dos viejos habían conversado largamente de sus buenos tiempos y de las aulagas por que pasaron en el aprendizaje de su oficio. Y había más. Pedro era quien había insistido en seguirle, porque el Maestro se mostró al comienzo algo remiso en aceptarlo, por considerar que estaba ya en el ocaso de su vida y la tarea que le exigía podía estar por encima de sus fuerzas y de la agilidad de su mente. Era el único con el cual el Maestro tuviera una amistad personal, una particular e íntima simpatía y hasta cierto respeto por la madurez de sus años. ¡Y él lo había negado! ¡Y el Maestro se lo había predicho con amable clarividencia!

Lo sacó de sus penosas meditaciones la irrupción en el patio por la puerta donde se oyeron el alboroto, de dos mujeres vestidas con ajados y costosos trajes de noche y todavía con ciertas señales de ebriedad. Las acompañaba un policía que sonreía con ellas de algo que sucediera adentro, tras de la puerta.

—¡Yo soy la fuente de la vida y la eterna resurrección! —gritaba la más joven, que tenía un aire masculino y deportivo, al mismo tiempo marcadamente vicioso e histérico—. ¡Qué agallas de tipo! Al principio creí que me estaba proponiendo algo y no entendí hasta cuando le vi cerca. Ja... ja... ja... ¡Con esos anzuelos cualquiera resucita! Tu muñequita te resucita, precioso. Déjame, te resucito, mi rorro, ¡déjate hacer! Y la cara que puso. Ja... ja... ja... ¡Como si lo hubiera picado un bicho!

—Y el muchacho. ¿Qué te pareció el muchacho? ¡El mecánico! —Aclaró la otra, una morena alta, en la que se adivinaba la frigidez tras la crueldad de los gruesos labios inmóviles y la mirada lánguida y calculada de los grandes ojos muertos. ¡Cómo lo consolaba desde su celda! Yo creo que es de esos. ¿Viste cómo lloraba por su Maestro? ¡Su querido Maestro! Así se dirán ahora. ¡Cada día inventan un nombre nuevo!

Pasaron a su lado sin mirarle, dejando un aroma trasnochado y agrio, mezcla de perfume caro y de vómito, con un balanceo largo y marcial de las piernas y las caderas "como yeguas en el *padock* antes de la carrera —pensó—, y como ellas inútiles, excitadas, caprichosas, dañinas e insolentes". Cruzaron el patio y salieron por la puerta del centro. El guardia las acompañó hasta la calle y regresó orgulloso de la familiaridad postiza con que le trataron las muchachas. Quería insinuar que había logrado con ellas mucho más de lo que pudieran creer sus camaradas. "Y todo por una repentina simpatía bohemia, una loca amistad deportiva que creen muy civilizada" —pensó el viejo—. Hablaban de él, entonces.

De él y del muchacho. Debieron divertirse a su costa. Esas eran las

115

carcajadas y los gemidos. Un doloroso pánico le subió por las entrañas y se anudó en la garganta. ¿Y los otros? ¿Qué sería de los otros? Los guardias pasaban sin hacerle caso y no contestaban a sus tímidos intentos por averiguar algo. Por fin, uno, menos urgido quizás o más amable, se deuvo:

—¿Qué quieres, abuelo? ¿Qué se te ha perdido por aquí?

—¿Sabes algo del Maestro? ¿Dónde están sus discípulos?

—No me dirás que perteneces a esa banda de infelices. Tienes aspecto respetable y tus canas no van con esas payasadas.

—No, desde luego que no tengo nada que ver con ellos. Era pura curiosidad... Como hablan tanto de la cosa.

—Pues le echaron toda la culpa al que los dirigía. Los demás salieron esta madrugada menos el joven, que insiste en quedarse para ayudarle a pasar las últimas horas. Ha confesado algunas cosas. Lo suficiente para acusarlo de conspirar contra la seguridad del Estado, fraude y otros delitos peores. Esta tarde lo ejecutan. Creo que está un poco tocado; vaya, que no se le entiende mucho lo que dice. ¿Quieres verlo?

—No —contestó el anciano atemorizado—, era por curiosidad... gracias, muchas gracias.

—Bueno, pero, ¿y tú qué haces aquí? —preguntó el otro, intrigado de pronto por la presencia del viejo a esas horas en los patios, cuyo acceso sólo se permitía al personal de vigilancia y a detenidos muy especiales.

—¿Yo? —titubeó el pobre, más asustado todavía—. Nada... nada... una multa ¿sabes? Pesca en aguas de la Base Naval... los reglamentos... ya conoces... son muy estrictos... es decir... nada serio.

—Bueno, bueno —contestó el guardia tranquilizado ya—. Que arregles pronto tu asunto, abuelo. Ya ves, este sitio no es para ti. ¡Estas putas han armado escándalo toda la noche! Estaban empeñadas en meterse con el profeta y le dijeron todo lo que les pasó por la cabeza, hasta que se las tuvieron que llevar por la fuerza. No es espectáculo para tus canas. Bueno, que salgas pronto. Adiós.

—Gracias —repuso Pedro—. Muchas gracias. Adiós.

Y se quedó inmóvil, profundamente abstraído, sintiendo que una gran vergüenza tornaba a invadirle. Pero esta vez, una sensación de suave relajamiento de ciertos resortes interiores, comenzó a dominar sobre el remordimiento; y algunos recuerdos de su vida en el mar, de su familia, de su diaria rutina portuaria, comenzaron a emerger formando una sólida corteza sobre la cual resbalaba la vergüenza, sin

116

herir ya ciertas zonas profundas y secretas que volvían a la paz de sus tinieblas.

Pasó el mediodía y, a eso de la una, dos guardias, con expresión turbada de penoso agotamiento, salieron por una puerta del fondo y le hicieron señal de acercarse. Tenían la expresión de haber cometido algo vergonzoso y prohibido. Las canas del viejo los apenaron aún más y sólo atinaron a pronunciar un "síguenos" harto inseguro, con voz pastosa y áspera que despertó en aquél el mismo terror de la última noche. Pasaron por un estrecho corredor con puertas de hierro pintadas de blanco. Al fondo, una pequeña sala, al parecer oficio o consultorio médico, se destacaba intensamente iluminada. Unas sillas, un sofá de consulta en cuero color rojo oscuro, algunos aparatos quirúrgicos con unos balones de oxígeno y cilindros de gases de anestesia, acababan de confirmar el aspecto de enfermería del conjunto. Un fuerte olor a desinfectante, mezclado con el dulzón de la sangre fresca, flotaba en el ambiente. Entró deslumbrado por la intensa luz de las lámparas. Los guardias le empujaron suavemente tomándole por los hombros.

—Quiere hablarte. El delegado dio permiso. Ya no hay más que hacer con él. Pueden conversar cuanto quieran. Ya vendremos por ti cuando sea hora. Vamos... entra —y salieron haciendo sonar sus botas en el silencio del pasillo.

El viejo comprendió de repente. Un movimiento instintivo de seguir a los guardias, de huir, de no ver aquello que se tambaleaba grotescamente amarrado a un blanco trípode metálico, escupiendo sangre y gimiendo como un niño lastimado, le hizo retroceder hasta la puerta, que en ese momento se cerraba tras él por la acción de un poderoso resorte. Confuso, lleno de vergüenza y sintiendo que un ardiente sentimiento de piedad animal le invadía quemándole la garganta, se acercó hasta sentir contra su rostro la entrecortada respiración que salía por los orificios que, uniendo lo que había sido boca y narices, servían para insuflar un poco de aire a las maceradas carnes de la víctima.

Le miró en silencio y lágrimas de asoladora ternura comenzaron a correr por su curtido rostro de marino, a tiempo que repercutían en él todas las heridas y vejaciones que en el otro palpitaban con propio y especial impulso reflejo.

Estaba desnudo, la cara caída hacia adelante, deformada a puñetazos con manopla que le habían borrado todo perfil humano. Un ojo vaciado de la órbita le colgaba en un blancuzco pingajo sanguinolento. El otro se movía sin parar, loco en la órbita despellejada. Ha-

117

bían insistido sobre la fractura, hasta lograr la luxación completa del miembro. El otro brazo tenía horribles quemaduras y de las uñas goteaba un ácido que hacía burbujas en el piso y se extendía en una mancha negruzca. Las piernas, brutalmente abiertas, descubrían, al fondo, la hinchazón monstruosa de los testículos, de cuya piel colgaban multitud de anzuelos de los que usan los pescadores de truchas, unos con plumillas de vivos colores, otros con un delicado insecto de élitros vibrantes, algunos con cucharillas niqueladas que giraban entre vivos destellos y los demás con objetos de formas indeterminadas y vistosas. Un hilo pasaba por los anzuelos uniéndolos a una cuerda que colgaba hasta el suelo. Los pies le temblaban sin descanso y los dedos le habían sido cortados de raíz. La postura del cuerpo, el escorzo del tronco sentado en el banquillo de cirugía, tenía algo de irrisorio espantapájaros que movía a mayor lástima quizá que las heridas. De pronto, una voz salió por entre rosadas burbujas formadas a medida que las palabras se abrían paso torpemente por el agujero en donde antes estaba la boca.

—Quise hablarte, Pedro, sólo a ti, porque sé que tu espíritu es débil pero tu corazón es más grande que el de tus hermanos y tienes ya menos cosas que lo distraigan de su verdadero destino. Tú serás mi seguidor, sobre mi muerte edificarás la palabra eterna y con ella te harás invencible y las fuerzas del mal nada podrán contra ti, ni contra los que sepan escucharte y seguirte. Me han hecho confesar horribles mentiras. Los pobres, los que nada tienen que perder, sabrán que estas patrañas han sido fruto del dolor y de la debilidad de esta carne infeliz. Ellos te oirán y con ellos fundarás mi familia. No podrás esquivar tu misión y ha terminado la paz de tus días y la felicidad de tu oficio. Vete.

El viejo sollozaba, de rodillas ante el cuerpo que hablaba. Con un pañuelo intentó limpiar la informe masa del rostro tan ajeno ya a las palabras que emitiera. Un movimiento de impaciencia sacudió el cuerpo e hizo tambalear la silla a la que estaba amarrado:

—Déjame, te digo. Muy pronto tendré que dar cuenta de la misión que se me confiara entre los hombres. No tengas piedad de mí. Ten piedad por ti y llora por los días que te esperan. ¡Vete!

El viejo comenzó a levantarse y retrocedía hacia la puerta sin quitar los ojos del supliciado, cuando dos hombres vestidos de blanco y con guantes de cirugía entraron llevando unos estuches metálicos y unos frascos.

—Déjanos solos —le ordenaron—, vamos a arreglarlo para que lo puedan exponer ante el público y no debe quedar huella del trabajo de los guardias. La tarea es dura y sólo contamos con unas pocas horas. Vamos, saliendo... pronto.

Mientras uno le llevaba hasta la puerta, el otro se puso a ordenar sobre una mesa pinzas, cuchillos y otros instrumentos de variadas formas y tamaños.

Quedó solo en el corredor, sin saber hacia dónde dirigirse. Sentía un cansancio que le calaba hasta los huesos y un dolor que le horadaba las entrañas, impidiéndole pensar y hasta moverse. Lloraba, lloraba incansable y silenciosamente, como si una vía allá adentro se hubiera roto y fluyera incontrolable. Alguien, al pasar, le empujó sin verlo. Oyó que le pedían perdón y contestó sin escuchar sus propias palabras. Pasó mucho tiempo. Para él fueron anchos espacios estriados de dolor, de terrible solidaridad con el hombre. Vastos espacios sin tiempo, de los que fue rescatado por la voz de uno de los enfermeros que le alcanzaba algo irreconocible.

—Toma, dijo que era para ti.

Alargó la mano y sintió el peso de una tela mojada en sangre. Reconoció el pañuelo de seda y lo que habían sido las estilizadas líneas de los campeones de regatas, que semejaban, por obra de la sangre seca, confusos trazos de un lenguaje milenario en una tela trabajada por la acción de los siglos y el olvido de los hombres.

Caminó sonámbulo hasta el patio y allí se recostó en una de las columnas laterales y le dominó el sueño. Al salir de la vigilia, le llegó una frase que después olvidó para siempre y que fue la materia de sus pesadillas de esa noche: "Viejo como los peces con carne de mármol y olor a malva."

Cuando despertó era de noche. Le habían echado encima una manta de cuartel en la que se envolvió para seguir durmiendo. Miró hacia las estrellas y sin percibir ni entender la oquedad celeste, tornó a hundirse en el sueño. Le despertaron a la mañana siguiente ruidos de botas y armas. Abrió los ojos y vio a un guardia que se enjuagaba los dientes y escupía en los resumideros del patio un líquido blanco con olor a menta. Sintió los miembros entumecidos por el duro lecho de baldosas sobre el que había dormido. Un sargento, que hacía rato le miraba, se acercó y le dijo:

—Oye, anciano, ya dormiste tu borrachera, ahora vete y otra vez no busques más líos con la policía.

Pedro le miró y se dio cuenta, por el color de las insignias, que se trataba de un nuevo regimiento que había venido a relevar al del día anterior. Le tomaban, tal vez, por uno de esos borrachos trasnochadores y bullangueros que en su errante ebriedad suelen ir a parar a los barrios tranquilos y respetables. Se puso en pie con dificultad y una ola de mareo y náuseas le pasó ante los ojos y le subió hasta la boca. El aire fresco de la mañana le dio fuerzas suficientes para andar y se encaminó hacia la puerta de salida. Empezaba él mismo a convencerse de que en verdad había llegado allí por algún escándalo de cantina. Al empujar la puerta, una voz seca y militar gritó:

—¡Eh! ¿Adónde va ése? ¿Quién le dijo que saliera? ¡Alto!

Alguien le tomó por el brazo, haciéndolo voltear bruscamente. Un corpulento oficial a medio vestir le miró de pies a cabeza examinándole con somnolienta parsimonia.

—El sargento —repuso Pedro—, el sargento me dijo que podía salir, señor —y señaló al fondo del patio en donde el sargento que le había dicho que podía salir estaba limpiando una pistola.

—¡Sargento! —gritó el oficial— ¿Qué pasa con éste?

—Sí, mi capitán. No hay nada contra él. No dejaron ningún papel los del turno de anoche. Parece que llegó borracho y le pusieron una multa o no sé qué.

—Está bien, puedes irte, y más juicio para otra ocasión, ¿eh?

El anciano abrió la puerta y penetró a un largo y oscuro pasillo en donde habían apagado ya las luces y no llegaba todavía la claridad de la mañana. Allá, en el fondo, un sol color manzana repartía sobre la calle una tierna luz sin sombras. El pescador se dirigió a la salida, titubeando aún pero más despierto ya y con la conciencia de que algo le esperaba afuera que lo liberaría de esa incómoda y vaga carga que le pesaba en un rincón de la memoria. De pronto, cuando iba a trasponer el umbral, alguien le llamó de nuevo desde adentro. Era el capitán que asomaba para preguntarle:

—¡Eh! ¡Tú! ¿No pertenecías acaso a los seguidores del que ejecutaron ayer tarde?

Pedro se volvió a mirarlo y se detuvo sin saber qué decir.

—No, no sé quién era, señor —logró por fin contestar—. Soy pescador del puerto. Tengo mi matrícula en orden. No tengo nada que ver con ningún ajusticiado. La matrícula ¿sabe usted?... en aguas de la Base... pero pagué... estoy en orden. Yo... ¿sabe usted?

—Está bien —le interrumpió jovialmente el otro—. Lárgate y buena suerte. Y se oyó un portazo que trajo de nuevo la penumbra al pasillo.

Al cruzar el umbral se bañó en la tibia claridad de la calle. Un gallo lanzó hasta el cielo las cuatro notas de su canto, como un volatinero que inicia el espectáculo tirando a lo alto las espadas que después irá a tragarse. El canto inauguró la mañana poblándola de

120

todos esos ruidos con los que el hombre pone de nuevo en marcha su vida sobre la tierra.

El anciano pescador bajó al puerto. A medida que se acercaba al mar, sitios y caras familiares le fueron abriendo las puertas del mundo. Los días del pasado volvieron a llenarse con el inconfundible lastre de recuerdos, amargos o felices, pero materia singular e incanjea- · ble de su vida, que lo empujaba otra vez a ser un hombre entre los hombres, sin más doctrina que las enseñanzas del mar, sus astucias y repentinos furores y sus calmas también inesperadas y agotadoras. Subió a su barca y se puso a trabajar en el arreglo y ajuste de la maquinaria. El contacto con las herramientas, el ronroneo de los motores, el viento marino barriendo la lisa madera de la cubierta, fueron hundiéndole más en sus asuntos y aligerándole del agobiador lastre que la enajenada presencia del Maestro acumulara sobre el hábil perseguidor de cachalotes y bancos de atún. Puso a andar la lancha y puso proa hacia la Jefatura del Puerto. Iba a renovar su permiso de pesca. La vibración de la hélice y el desorden de las aguas alrededor de la achatada proa, le acabaron de soldar con el mundo y entonces comprendió por qué había negado al Maestro y cuán extraño era a su doctrina y al imposible sacrificio que suponía. Todo lo sucedido en las últimas semanas comenzó a retroceder buscando su justo lugar en el pasado, ordenándose en la memoria con otros muchos recuerdos, y perdiendo esa particular energía, ese vertiginoso prestigio que estuviera a punto de hacerlo renegar de su condición entre los hombres.

Lavó el pañuelo en el agua que entraba por la borda y lo puso a secar en una de las ventanillas laterales. Las siluetas de los esbeltos yates comenzaron a destacarse de nuevo sobre el fondo marfil y celeste de la seda.

SHARAYA

SHARAYA, el Santón de Jandripur, permanecía desde tiempos muy lejanos sentado a la orilla de la carretera, a la salida de la aldea. Allí recibía las escasas limosnas y las cada vez más raras oraciones de los aldeanos. Su cuerpo se había cubierto de una costra gris y su pelo colgaba en grasientas greñas por las que caminaban los insectos. Sus huesos, forrados por la piel, formaban ángulos oscuros e imposibles que daban a la inmóvil figura un aire pétreo y estatuario que en mucho contribuyera al olvido en que lo tenían las gentes del lugar. Sólo los viejos recordaban aún, entre la niebla de sus mocedades, la llegada del esbelto santón, entonces con cierto aire mundano y dueño de una locuacidad en materias religiosas que fue perdiendo a medida que ganaba mayores y más vastos dominios en su tarea de meditación al pie del camino.

A pesar del poco o ningún caso que le hacían ahora los habitantes de la aldea, y tal vez gracias a ello, Sharaya era un atento observador de la vida circundante y conocía como pocos las intrincadas y mezquinas historias que se tejían y borraban en el pueblo al paso de los años.

Sus ojos adquirieron una dulce fijeza de bestia doméstica que las gentes confundían con la mansedumbre de la imbecilidad y que los prudentes reconocían como reveladora de la luminosa y total percepción de los más hondos secretos del ser.

Tal era Sharaya, el Santón de Jandripur en el Distrito de Lahore.

La noche que antecedió a su último día fue una noche de lluvia, y el río bajó de las montañas crecido, bramando como una bestia enferma, pero de inagotable energía.

Gruesas gotas han resbalado toda la noche sobre la piel del parasol que instalaron las mujeres cuando la gran sequía. Golpea la lluvia como un aviso, como una señal preparada en otro mundo. Nunca había sonado así sobre el tenso pellejo de antílope. Algo me dice y algo en mí ha entendido el insistente mensaje. Se ha formado un gran charco, con el agua que escurre por la blanda cúpula que cree protegerme. Muy pronto se secará porque se acerca una jornada de calor. Comienza el vaho a subir de la tierra y las serpientes a esconderse en

122

sus nidos anegados. En lo alto, una cometa sube en torpes cabezadas. Amarilla. Un canto de mujer asciende a purificar la mañana como un lienzo de olvido. Uno sostiene el hilo, el otro me mira largamente y con sorpresa. Me descubre, entro en su infancia. Soy un hito y nazco a una nueva vida. En sus ojos miedo, miedo y compasión. No sabe si soy bestia u hombre. Con un pequeño bambú me busca el dolor y no lo encuentra. Corre hacia el otro, que lo aleja sin volver a mirarme. El Santón de Jandripur. Hace mucho tiempo. Ahora otra cosa y muchas cosas: un Santón, entre ellas. La vastedad de mis dominios se ha extendido hasta el curvo horizonte sin principio ni fin. Vuelve. Extiende su mano hasta tocarme, sin el bastoncillo que lo protegía. Lejano como una estrella o tan cerca como algo que sueña. Es igual. Lo llama su compañero. Cae la cometa, lentamente, buscando su muerte, naciendo. Los árboles la ocultan. Cae al río donde la espera un largo viaje hasta cuando se deslía el papel. Entonces, el esqueleto irá hasta el mar y allí bajará a las profundidades. A su alrededor reconstruirán los corales y las ostras la sólida sombra de su antigua forma y en ella dejarán los peces sus huevos y los cangrejos taparán a sus crías con arena. Irán a morir allí las grandes mantas y sobre sus cadáveres los peces fosforescentes cavarán sus madrigueras de blanda materia en transformación. Un pequeño desorden se hará al paso de las corrientes submarinas y muchos siglos después el breve remolino surgirá a la superficie y luego todo volverá a ser como antes. Un tiempo sin cauce como un grito sin voz en el blanco vacío de la nada. Le llaman vida, presos en sus propias fronteras ilusorias. La mañana se anuncia con este camión. Dos más. Anoche pasaron varios. Soldados de las montañas. Cabecean trasnochados, sostenidos en sus fusiles. No pasa. Se atasca en el lodo de la orilla. El motor gira locamente, ruge con furia, se detiene, vuelve a gemir. Cortan ramas. Vienen otros. Tanques; siete. Lo empujan. Pasa. Gritos. Pobres gritos de rabia contra el agua, contra el barro. Ahora cantan. Cantan el desastre, cantan su sangre, sus mujeres, sus hijos, cantan sus vacas esqueléticas. La gran madre paridora. Mueren de muerte de vida de soldado obediente a la tumba. Campesinos, tejedores, herreros, actores, acólitos del templo, estudiantes, letrados, ladrones, hijos de funcionarios, hombres de las máquinas, hombres del arroz, hombres de los caminos. Se llaman igual, sus rostros son iguales, su muerte es la misma. Desde lejos viene el silencio como una gran red de otro mundo. Los insectos comienzan a despertar. Era una serpiente entre las hojas. La misma, tal vez, que pasó anoche por entre mis piernas. Agua y sangre en frías escamas articuladas. La madre de todos recorre sus dominios y de sus viejos

123

colmillos mana la leche letal de los milenios. Los deudos venían a menudo para preguntarme la razón de su duelo, mientras el humo de la pira alzaba su sucia tienda en el cielo. Pero ya entonces hacía mucho tiempo que la palabra me fuera inútil y nada hubiera podido decirles. De todas maneras ya lo sabían, pero en otra forma, como sabe la sangre su camino, ciegamente, inútilmente. Temen a la muerte y después descansan en ella y se suman a su fecunda tarea y bajan en cenizas por el río, dejando la tufarada agria de nueva vida, alimento y abono de otros mundos. Huyó tras la maleza. Siente los pasos antes que todos. Hombres de la aldea con sus carretas. Todo se lo llevan. El gran lecho matrimonial regalo de los misioneros. Falso oro chillón y oxidado de sus copulaciones. Huyen, entonces. El alcalde con su mujer hidrópica. Miente cuando viene a orar. Los sacerdotes del pequeño templo. Ruedas irregulares que se bambolean y patinan en la usada caja del eje. Vidas incompletas, trozos apenas de la gran verdad, como la costra gris que ensucia la piscina después de las abluciones. Nata de mugre, corazón de la miseria, escala del desperdicio. Y tan seguros en su afán mismo de huir. Otra destrucción los empuja, más honda, la única y verdadera catástrofe en la oscuridad agobiadora e inquieta de su instinto. Vuelven a mirarme. Los más viejos. No sé leer sus ojos. Tampoco puedo ya decirles cómo es inútil escapar de lo que está en todas partes. Es como los que rezan para tener fe o los que labran la tierra para dar de comer a los bueyes que tiran del arado. Y toda la impedimenta de sus astrosas pertenencias. Me dejan ofrendas. Lo que no quieren llevar, lo que les es ajeno en su huida. La viuda con sus hijos. Ojosa, flacos pechos muertos. Flores del templo. No se atreve a tirarlas ni tampoco a dejarlas frente a los ídolos que mañana serán destruidos con la misma furia que los hizo nacer. No irá muy lejos, está señalada, apartada, escogida entre todos. Andra, la que bailó desnuda toda una noche ante el Santón. Sus hijos recordarán un día "...cuando huimos de Jandripur ella murió en el camino, la subimos a la copa de un árbol muy alto y allí descansó, visitada por los vientos y lavada por las aguas del mundo. Vigilándonos por varios días hasta cuando la perdimos de vista..." Y, sin embargo, tampoco será como ellos creen. No exactamente. Otras cosas habrá que se les ocultarán para siempre y que sin embargo, llevan consigo. Con la muerte de su gran madre paridora de la muerte, la de los saltos de sangre, la que truena levemente los huesos, la que lima la linfa en su lomo. Miran hacia atrás, al silencio de sus hogares abandonados donde gritarán por mucho tiempo todavía sus deseos y sus miedos, sus miserias y sus exaltaciones, tratando de alcanzarlos en su camino.

Soldados. Escolta huyendo con banderas de señales. Lo veo. Me ve. Letras y palabras. Me mira. Ir. No sabe. El último. Solo. Tal vez. No sé de qué estoy solo. Vuelve a mirarme, se va tras los otros. Una espada que inventa la cinta azul de su hoja con la palabra de los dioses de la guerra labrada torpemente.

Al mediodía, Sharaya alargó la mano y tomó la mitad de una naranja medio seca y comenzó a masticar un pedazo de la cáscara tenazmente perfumada. El calor de la siesta expandió el aroma de la fruta entre una danza de insectos enloquecidos y que chocaban contra la vieja piel del privilegiado. El ruido de las aguas se fue debilitando y el río tornaba a su antiguo cauce. Cuando comenzó a caer el sol, un leve sopor fue apoderándose de los anquilosados miembros del Santón e infundiéndole la beatitud inefable del que sueña descubriendo las pistas secretas de su destino.

Aguas en desorden, saltando y salpicando la fría espuma de la corriente. Agua de las montañas que baja danzando en remolinos y se remansa en el vientre que gira lento, liso y tibio, protegido por el rotundo cáliz de las caderas. Olor de especies quemadas en la pequeña plaza y el agudo sonar de los instrumentos que narran los incidentes de la danza. Risa en la boca sin dientes de la vieja mendiga, risa de la carne recordando, comparando. Lazo implacable y una gran dulzura en el pecho pesando y doliendo y largas tardes del ir y venir de la sangre en sorpresivas mareas y la vecindad de la dicha, la pequeña dicha del hombre, hermana del terror, la breve dicha de dientes de rata comiendo y mascando. Un vasto palio de ceniza sobre la memoria de la carne. Viaje a la sede de los amos de entonces. Los tímidos pastores dueños de una porción del mundo, convertidos en puntillosos comerciantes, pacientes, tercos, soñadores, desamparados fuera de su isla. Hélices mordiendo las turbias aguas de la desembocadura. Una mancha interminable y amarillenta anticipa la gran ciudad bulliciosa de los funcionarios, donde la sabiduría asciende por escaleras simétricas maculadas por el húmedo hollín de las máquinas. Tierras de la razón. Por la plaza, hombres y mujeres se apresuran entre la grasosa niebla del ocaso. Colores saltando, un vaso se llena de luces que desaparecen para dar lugar al trazo azul y verde, tome, tome, tome, tome. Salta la espuma del bautismo, salta en el tránsito sombrío de los inconformes y laboriosos amos. Aguas que chorrean sobre las espaldas bautizadas en la raída sombra de la selva, entre gritos de aves y chirrido de insectos. La piel del más sabio, del más viejo, arrugada bajo las

125

tetillas colgantes, mojándose en el agua de la verdad, la que lava antiguas y nuevas concupiscencias, la que borra los títulos ganados en vastas construcciones de piedra, madres de sutiles argumentos. Mi padrino y mi maestro, segundo padre midiendo la superficie de la tierra, chacal virgen de verdad, un sapo amargo, padre de la verdad. Y, por fin, la última lucha al lado de ellos, mis hermanos. Las manifestaciones, las prisiones en las montañas, el partido y sus ramificaciones clandestinas trabajando como venas de un cuerpo que despierta. Aquí mismo, cuando todo parecía haber entrado pacíficamente en orden, hubiera podido aún ser el amo, dictar la ley bajo mi parasol, moverlos hacia lo bueno o hacia lo malo, según conviniera a su destino, predicar una doctrina y hacerlos un poco mejores. El comisionado de bigote rojizo y nuca sudorosa, argumentando a la luz de la sucia lámpara del cuartel. Su antiguo y probado camino de razonamiento por el cual transitan tan seguros pero tan lejos de sí mismos, ahogando sus mejores y más ciertos poderes: "Ninguno sabe por qué les hablas. No les interesa, como tampoco saben por qué estoy aquí, como tampoco lo sé yo. El único que tiene ya todas las respuestas eres tú, pero de nada han de servirte. Siempre se llega al mismo sitio. Tú eres el Santón. No todos pueden serlo. Ellos ponen la ira destructora y el fecundo deseo. Tú miras, indiferente hacia el negro sol de tus conquistas interiores y eres tan miserable y tan pobre como ellos, porque el camino que has recorrido es tan pequeño que no cuenta ante la larga jornada que te propones hacer movido por el engañoso orgullo que te amarra. Ponte a su lado y guíalos y ayúdame a imponer autoridad y a entregar las cosas en orden. Después, ya se las arreglarán como puedan; pero tú, que has vivido y te has formado entre nosotros, sabes que nuestra razón es la única a la medida de los hombres. Lo demás es locura. Tú lo sabes." Una pálida cobra, piel de la verdad. Sueño mi vuelta al único sueño que está unido por un extremo a la divinidad que no dice su nombre, al padre y a la madre de los dioses, fugaces fantasmas esclavos del hombre. Sueño mi sueño soñando el sueño del que levanta el pie en la posición del elefante, del que te dice "no temas" con el arco de sus dedos, del portador del fuego, del que viaja en el lomo de la tortuga. La hora viene, vino hace muchas horas y no termina de llegar.

Sharaya se quedó dormido, y en la pesada siesta de la abandonada Jandripur comenzaron a entrar las primeras unidades del ejército invasor. Instalaron sus tiendas y ordenaron sus vehículos. Cuando el Santón despertó, la aldea comenzaba a arder y las húmedas maderas de

126

las casas estallaban en el aire tierno del ocaso nublando el cielo con las altas columnas de humo. Eran muchos, y el roncar de los camiones y de los tanques que seguían llegando indicaba que no se trataba ya de una pequeña avanzada sino del grueso del ejército. Un altoparlante comenzó a dar instrucciones en el agudo y destemplado idioma de las montañas, sobre cómo debían conducirse los soldados en la comarca y sobre las precauciones que debían tomar para cuidarse de los que quedaban escondidos para organizar la resistencia. El ajetreo duró hasta muy entrada la noche, cuando un gran silencio se hizo en la aldea y sus alrededores.

Duermen agotados después de la carrera. Piensan seriamente en la redención de los pueblos, en la igualdad, en el fin de la injusticia, en la fraternidad entre los hombres. Ellos mismos traen un nuevo caos que también mata y una nueva injusticia que también convoca la miseria. Es como el que se lava las manos en un arroyo de aguas emponzoñadas. Ahí vienen dos. Alumbran el camino con una linterna de mano. Campesinos también, jóvenes, casi niños. Una mujer con ellos. Prisionera tal vez o ramera que los sigue para comer y guardar algún dinero. La están desnudando. El viejo rito repetido sin fe y sin amor. Les tiemblan las manos y las rodillas. Vieja vergüenza sobre el mundo. Ella ríe y su piel responde y sus miembros responden a la ola que crece en el cuerpo que la oprime contra la tierra. Madre necesaria. Renacen unidos en la sede de todos los orígenes. Gimen y ríen al mismo tiempo. Un solo cuerpo de dos cabezas ebrias y acosadas en el vértigo de su propio renacer, de su larga agonía. El otro sonríe con timidez. Sonríe de su propia vergüenza y espera. Sembrar hijos en la tierra liberada. Terminaron. Ella se viste. El otro me alumbra con la linterna.

Los soldados y la mujer se quedaron absortos ante el extraño amasijo de trapos mugrientos, alimentos descompuestos y las carnes momificadas del Santón. Evitaron la mirada ardiente y fija de Sharaya, testigo del breve placer que le robaran a sus oscuras vidas perecederas. Bien poco quedaba al Santón de forma humana. La mujer fue la primera en apartar su vista de la hierática figura y comenzó de nuevo a envolverse en sus ropas. Los dos soldados seguían intrigados y se acercaron un poco más. Por fin, el que había esperado, reaccionó buscamente. "Parece un Santón —dijo—, pero no podemos dejarlo observando el paso de nuestras fuerzas. Ya nos ha visto y ha contado sin duda nuestros camiones y nuestros tanques. Además, nadie vendrá

ya a consultarle y a venerarlo. Ha terminado su dominio." El otro se
alzó de hombros y, sin volver a mirar, tomó a la mujer por el brazo
y se alejó por la blanquecina huella del camino. Antes de alcanzarlos,
el que había hablado alzó su ametralladora y apuntó indiferente hacia la ausente figura apergaminada, hacia los ausentes ojos fijos en el
perpetuo desastre del tiempo y soltó el seguro del arma.

*En cada hoja que se mueve estaba previsto mi tránsito. La escena
misma, de tan familiar, me es ajena por entero. Cuando el mochuelo
termine su círculo en el alto cielo nocturno, ya se habrá cumplido
el deseo de las pobres potencias que nos unen, a él que me mata y
a mí que nazco de nuevo en el dintel del mundo que perece brevemente como la flor que se desprende o la marea salina que se escapa
incontenible dejando el sabor ferruginoso de la vida en la boca que
muere y corre por el piso indiferente del pobre astro muerto viajero
en la nada circular del vacío que arde impasible para siempre para
siempre para siempre.*

ALGUNOS TEXTOS PERIODÍSTICOS

INTERMEDIO EN QUERÉTARO

Para Francisco Cervantes

EL CANTO gozoso, insistente, casi sensual de las mirlas lo fue sacando lentamente del profundo sueño en el que había caído poco después de medianoche. Mientras remontaba hacia el despertar, pensó que estaba en Cuernavaca. Un despertar más entre el denso perfume del jardín. El murmullo sosegado del agua en las acequias —como en Granada, que lo deslumbró en su juventud— lejos de la amarga pesadilla, del agobiante luchar, sin sentido, contra el imposible sueño de un imperio mirífico. Dio vuelta en su lecho, todavía sumergido a medias en el tibio letargo acogedor. La dureza de las tablas, un fuerte olor a establo, a moho, a insecto en descomposición, el tintineo de un sable, el golpe de una culata contra el enlosado del patio, lo arrancaron bruscamente del placentero duermevela.

No hizo ningún movimiento y, despierto ya, en plena conciencia de que comenzaba su último día en este mundo, se quedó extendido sobre el incómodo jergón. Las mirlas seguían su canto que celebraba el renovado asombro del día. Por primera vez, tras muchos meses de indecisión angustiosa, de estéril combate contra las fuerzas que aún lo ataban a sus ambiciones fatalmente encauzadas y a su utópico apegarse al imposible espejismo de un imperio americano, sintió que una gran tranquilidad, una serenidad casi lindante con la dicha, se apoderaba de él y le permitía ver, por fin, la larga y agobiante cadena de engaños, de voluntario rechazo de las más elocuentes advertencias, de los más aciagos signos, que había atado su destino y dominado los últimos cinco años de su vida. Qué largo error, qué evidente y fatal desvío de las mejores condiciones de su inteligencia. Quiso pensar cuándo había comenzado aquello y la vana inutilidad de tal examen se le presentó con dolorosa elocuencia.

Las ruedas de un coche entrando en el patio y el repicar de una campanilla le indicaron la llegada del sacerdote para celebrar la misa. Tornó a pensar en Cuernavaca, en el aroma de sus flores, la vasta serenidad del valle en las mañanas de marzo, la cordillera, allá a lo lejos, dibujada con un tono entre violeta y rosa contra el azul límpido del cielo. Cuántas veces le había comentado a su esposa la condición paradisiaca y fuera de este mundo que lo acogía siempre en la pequeña ciudad que había escogido el Conquistador para descansar de sus hazañas incansables. El Conquistador que trabajaba para la gloria de su legendario abuelo, el César Carlos. Desde niño lo había obsesionado el recuerdo, la presencia del más grande de su raza, en quien veía como una representación mítica, casi religiosa de un destino familiar al cual se entregó con obediencia suicida, él, vástago errátil y caduco del soberbio tronco milenario. Ya iba a perderse en uno de esos exámenes de conciencia a los que se daba con una delectación enfermiza y paralizante, cuando se abrió la puerta de la celda. Una sombra erguida le impidió ver el cielo estrellado en todo el esplendor de esa madrugada de junio. Era el sacerdote que venía a escuchar su confesión. Maximiliano se excusó por no estar listo, con esa cortesía tan suya hecha de absoluta sencillez y retenida dignidad. El confesor tornó a salir y el condenado comenzó a vestirse pausadamente. Notó con alguna extrañeza que la tranquilidad del despertar no lo abandonaba; antes bien, se iba afirmando y tomaba, allá, en su interior, el dominio absoluto de su ánimo.

Sonrió vagamente al darse cuenta que hacía más de dos años no se vestía de civil.

México, D. F. Sábado 24 de Julio de 1982. Sección Editorial, página cinco. *Novedades*.

INTERMEDIO EN CONSTANTINOPLA

Para Rodrigo García Barcha

En la tibia mañana del 29 de mayo del año del Cristo de 1453 los turcos inician su último asalto contra los muros de Constantinopla, la Muy Santa, la Muy Bendita y para siempre Gloriosa capital del Imperio de Oriente, la antigua Bizancio de los helenos. El sultán Mahomet II, ebrio de ambición y en el vigor de sus años, está a punto de cumplir un viejo sueño de las huestes del Profeta, reinar desde la dorada capital de Constantino *el Grande*. A la cabeza de doscientos mil hombres con un cuerpo de jenízaros como vanguardia, el joven sultán penetra por las varias brechas que sus soldados han logrado abrir en los seculares muros de la ciudad de los Basileus. La puerta principal ha sido derruida. El *condotiero* genovés Gustiniani, contratado por el emperador para defender su capital, ha sido alcanzado por una piedra disparada por los sitiadores. Los genoveses huyen despavoridos. Los griegos se encuentran a merced de los infieles. Una atroz degollina comienza a teñir de sangre el enlosado pavimento de las calles, las escaleras de los templos, el recinto tres veces santo de Hagia Sophía, en donde recibe la unción del Autocrátor. El sol de un imperio que hacía poco celebrara el primer milenio de su fundación, está a punto de ocultarse. La que hubiera sido avanzada de la cristiandad en Oriente, la que abriera las puertas a la riqueza y al saber de la otra mitad del mundo para ilustración y grandeza del Occidente cristiano, la preservadora y depositaria celosa de la fecunda y siempre nueva tradición de la Hélade, la más grande y más gloriosa capital cristiana después de Roma, se consumía pasto de las llamas y entraba a formar parte del mundo cerrado, asfixiante, fanático que mide su vida según los terribles preceptos del Corán y ha declarado la guerra a muerte a Occidente.

Una era se cierra para siempre. Con Bizancio se pierde la última oportunidad del mundo romano de reinar en Oriente. Los turcos llegarán un día hasta Viena y serán, hasta el fin de los tiempos, una constante amenaza para esa delicada trama de saber, de tradición humanista y de fe irrestricta en los valores del hombre como persona y como creador de verdad y belleza inmutables, que constituye la especie misma del Occidente cristiano. Treinta y nueve años después de ese día aciago y augural, el pendón de los Reyes Católicos abrirá un nuevo mundo, buscado para reemplazar la herencia bizantina. Vano intento. El hombre no volverá a tener ocasión de cumplir el más alto destino que recuerda su paso por la Tierra.

Al pie del palacio de las Vlaquernas, el joven emperador Constantino IX, de la dinastía de los Paleólogos, vestido con la blanca túnica de los Basileus, se defiende de una nube de infieles que lo acosan contra la pared de la fortaleza. Un puñado de guardias que tratan de ponerlo a salvo comienza a ser sacrificado por los alfanjes sin sosiego. El alto monarca, con los ojos oscuros cegados por la ira y el dolor ataca y se defiende como un león. Por sus mejillas de adolescente corren las lágrimas del despecho y del coraje. De repente alza la voz y grita esta última súplica que resume toda la vastedad de la tragedia: "¿No hay un alma piadosa que me dé muerte?" Días después, entre los escombros, sólo se hallaron sus doradas sandalias de ungido por la Theotokos, la santa patrona de los griegos.

134

INTERMEDIO EN SCHOENBRUNN

Para Jaime Muñoz de Baena

UNA carroza tirada por cuatro caballos bañados en sudor se detiene al pie de la amplia escalera principal del palacio, frente a los jardines que ya florecen en el tibio mayo a orillas del Danubio. La vasta construcción, terminada por la emperatriz María Teresa y que, como todas las de su época, intentaba inútilmente copiar la graciosa armonía de Versalles, ha sido abandonada al vencedor.

La casi milenaria dinastía de los Habsburgo, detentadora de la corona del Sacro Imperio, acaba de dejar su capital, Viena, a la merced de los soldados de Napoleón, cuya corona apenas cuenta cinco años de historia. ¡Pero qué historia! Excepción hecha de Inglaterra y de Rusia, Europa entera se ha doblegado ante las águilas imperiales. Del carruaje bajan primero dos ayudantes de campo. En sus uniformes se advierten aún las señales de la sangrienta batalla librada en la pequeña aldea de Wagram. Los aliados han sido derrotados, una vez más. Luego desciende una pequeña figura cubierta con el capote gris de campaña de los oficiales de la guardia. El Emperador de los franceses llega a tomar posesión de Schoenbrunn, residencia de su enemigo tradicional, la casa de Habsburgo. A pasos largos y enérgicos recorre los amplios salones, los lujosos aposentos privados. Sus ayudantes le siguen sin pronunciar palabra, agotados por el cansancio y el sueño. Hace treinta horas que no disfrutan de un minuto de reposo.

Por fin, el Emperador va a sentarse en un sillón que él mismo coloca, con gesto brusco y firme, de vista hacia los jardines. Allí permanece, sin despojarse del abrigo ni del negro tricornio que lo distinguen siempre entre el fragor de los combates. Se hunde de inmediato en una meditación sin fondo. Los ojos color del acero, abiertos, fijos, allá, a lo lejos, en algún punto perdido de su febril memoria sin sosiego. Entra Caulaincourt, Duque de Vicenza. Un gesto de los ayudantes lo detiene, callado, junto a ellos. Nadie se atreve a interrumpir al amo de Europa, vencedor de cinco coaliciones sucesivas de las más grandes potencias de la tierra.

La respiración regular, la intensidad de la mirada, la inmovilidad del cuerpo, imponen ese silencio de otro mundo que reina en el re-

135

cinto invadido ya por las sombras del crepúsculo. Pasa el tiempo. Los rayos del sol apenas se demoran en el oro de los artesonados y de las puertas. La oscuridad se hace casi completa. Una mano delgada, blanca, casi femenina, cuelga de la silla en una inmovilidad espectral. De pronto, del pecho del Emperador se escapa un lento, profundo suspiro desolado y se le oye decir hacia la húmeda sombra de los jardines, hacia el horizonte de recuerdos cuya densidad lo acaba de rescatar del prolongado silencio: "¡Qué novela mi vida!"

INTERMEDIO EN NIZA

Para Diego García Elío

Los imperiales han acampado en las afueras de la ciudad. El César Carlos V se retira después de haber intentado privar a su rival, Francisco I, de las hermosas tierras de Provenza. El Emperador está en su tienda, a la caída de la tarde y despacha algunos asuntos con los enviados que han llegado de tierras alemanas con noticias sobre la sorda conspiración de los electores protestantes. Los emisarios teutones salen con la impresión de no haber sido escuchados con todo el interés que el asunto demandaba. El César tiene su espíritu en otra parte. Piensa en esa pequeña fortaleza de Muey en donde cincuenta arcabuceros resisten denodadamente el asedio de los imperiales. No quiere dejar tras de sí ni la más leve señal de resistencia. Buena parte de sus ejércitos debe pasar por allí en la retirada. Envió a dos de sus más probados y cercanos caballeros para terminar con el sitio: don Francisco de Borja, marqués de Lombay, futuro duque de Gandía, que subirá a los altares como uno de los más pleclaros santos de la Iglesia, y Garcilaso de la Vega, espejo de caballeros, que ha escrito ya algunos de los poemas más hermosos de la lengua de Castilla. La preocupación de Carlos V va en aumento. Dejan sobre su mesa de campaña despachos que llegan de Portugal y de Flandes. Ni siquiera se acerca para hojearlos. Medita con melancolía, esa melancolía que le viene de su sangre portuguesa, en el triste destino de quien dispone de las vidas ajenas y nada puede hacer para que el dictado de sus afectos desvíe la fatal trayectoria que le impone su destino de monarca. Tiene treinta y seis años y ya la vida ha comenzado a pesarle. A su lucidez sin sosiego aúna un alma de caballero andante, soñador de quimeras inasibles. El Sol de otoño deja sobre las telas y los paños con las insignias imperiales un halo cobrizo y tibio que les da un aire intemporal y señero. Una mano en la empuñadura de la espada y la otra acariciando distraídamente el Toisón de Oro que perteneció a su abuelo *el Temerario*, Carlos de Europa se pierde en la ansiedad de sus dudas y en el aciago laberinto de sus certezas. Hay un ruido de pasos, un tintineo de armas y el César mira fijamente al marqués de Lombay que se acerca con las ropas manchadas de sangre y en el ros-

137

tro un gesto de dolor insondable. Informa sobre lo sucedido: Muey cayó, finalmente, pero en sus muros dejó la vida Garcilaso de la Vega, quien expiró en brazos del marqués sin haber recobrado el conocimiento. Varios caballeros se acercan a escuchar el relato. Carlos permanece en una extraña rigidez, en una inmovilidad de bestia acosada. Su labio inferior tiembla ligeramente. Por fin, alza la mano derecha; se la lleva a la frente, luego al hombro izquierdo, luego al derecho y la deja un instante sobre el corazón. Los presentes imitan el gesto del monarca. Carlos pronuncia con su voz en tonos bajos, que tratan de disimular la emoción, estas palabras de cristiano y de amigo: "Dios guarde a su vera tan buen caballero." Cumplido adiós para el más alto poeta de España.

INTERMEDIO EN EL ATLÁNTICO SUR

Para Santiago Mutis D.

EN LA pequeña pero confortable cabina del segundo de a bordo del *Torrens*, un esbelto velero de tres mástiles y 1 234 toneladas, dos hombres dialogan en medio del vasto silencio de una noche estrellada como sólo se ven en el hemisferio sur. El barco, uno de los últimos en hacer el servicio mixto de carga y pasajeros entre Australia y Londres, navega en silencio, con viento favorable, rumbo a la capital del Imperio.

El segundo de a bordo, que tiene el grado de capitán, se ha visto obligado a tomar este trabajo con un salario de 8 libras al mes, debido a la escasez de plazas disponibles para el mando de un navío. Es un hombre de pequeña estatura, ademanes nerviosos y aristocráticos, cabellos negros y ojos del mismo color que se mantienen en una continua y escrutadora movilidad. Extraña mezcla de ademanes casi femeninos, propios para una corte de los imperios centrales y virilidad acerada que emana de los ojos listos para el mando y de la voz timbrada y aguda de quien acostumbra tomar decisiones. Habla un inglés de impecable corrección, pero con un premioso acento eslavo que a menudo llega a hacerlo incomprensible. El interlocutor de este lobo de mar con maneras de conde, es un afable joven que luce en su corbata los colores de Cambridge y que, sin proponérselo, deja transparentar en su charla una sólida cultura clásica y una grata familiaridad con los grandes nombres de las letras en ese momento. Ha entrado a la cabina del segundo para devolverle unos manuscritos que éste le había prestado para, luego, escuchar la opinión de alguien versado en estos menesteres. Las pequeñas y finas manos del marino sostienen las hojas escritas con una letra menuda, poco legible y de rasgos irregulares y febriles. Tras un largo silencio, el segundo mira fijamente a su interlocutor y le pregunta: "¿Qué tal? ¿Le gustó? ¿Cree usted que vale la pena?" El otro contesta con la parca convicción propia de un inglés bien educado: "Mucho." Suena una campana que indica el cambio de guardia. El segundo del *Torrens* se pone de pie y, colocándose una corta chaqueta de grueso paño marinero, abre la puerta para dejar salir en primer término a su huésped y pasajero. No se pronuncia otra palabra que un corto y cordial "buenas noches".

Después de recibir la guardia, el segundo se recuesta en la barandilla del castillo de proa y mira el oscuro y manso desorden de las aguas. "Entonces —piensa— vale la pena. Esta historia de Almayer, el comerciante holandés devorado por el clima del archipiélago, sometido a la tiranía infantil y caprichosa de su esposa malaya, su lenta caída y sus sórdidas aventuras con el rajá en cuyo territorio está la factoría que le confió Lingard, serán, un día, el asunto de una novela leída por innumerables y anónimos lectores. Curioso destino. Más de veinte años en el mar y, ahora, de repente, piensa en iniciar la carrera de escritor. No es la primera vez que el azar le depara tales encrucijadas. ¿Cuántas otras le esconderá el incierto futuro?" Al terminar su cuarto de guardia, la determinación está tomada. Llegado a Londres terminará su novela y la enviará a un editor. ¿Cuál? No importa. Cualquiera será bueno.

Se desviste lentamente mientras la lamparilla de la cabina cabecea haciendo gemir la argolla que la sostiene del techo. Absorto, el marino piensa en qué nombre habrá de usar en su nueva vida: ¿Konrad Korzeniowski? ¿Joseph K. Korzeniowski? La K tiene un matiz rudesco que le molesta. Conrad, mejor. Sí. Joseph Conrad.

Y esa noche, bajo el dombo iluminado del Atlántico en calma, nace uno de los más grandes, más inquietantes y más originales narradores de su tiempo y de todos los tiempos.

INTERMEDIO EN EL STRAND

Para Gonzalo García Barcha

AL CAER la tarde, en una taberna de Strand, el corpulento parroquiano ha comenzado a cabecear dominado por un sueño invencible. En su rincón habitual desde el que observa cargar y descargar los navíos que vienen desde los más lejanos puntos de la Tierra, mientras consume con apetito vigoroso grandes porciones de estofado de res e incontables pintas de cerveza clara, ha estado mirando los reflejos del sol sobre las arboladuras, sobre las pulidas maderas de teca de los grandes veleros, sobre el bronce de las amarras, sobre los sucios vidrios del local que da hacia la algarabía del muelle.

Allí pasa largas horas en un duermevela que lo lleva a regiones de calor y pueblos bronceados y semidesnudos, con el aroma de las especias, en medio de la delirante vegetación siempre verde y siempre florecida. Capitanes y marineros le han narrado sobre esas tierras, que él recrea interminablemente en sus siestas interrumpidas por una que otra pipa que fuma con minuciosa parsimonia sajona.

Llegó a Londres en 1712, en la comitiva del Elector de Hannover, quien iba a convertirse en Jorge I de Inglaterra. En 1726 se hizo ciudadano británico. Sus relaciones con el Monarca habían tenido ciertos altibajos. Ambos poseían un carácter harto difícil y una muy alta idea de sí mismos. Cada cual en su campo. Hoy es apreciado en la Corte y los ingleses lo tratan como a uno de los suyos. No tiene nostalgia de su tierra. Las monótonas praderas de su Sajonia natal no le decían nada. Ama la vida abigarrada e inquieta del puerto de Londres, los paseos por el Támesis con alegre compañía, la campechana amistad de los lores, cultivadores y guerreros cuando hace falta.

En su memoria desfilan los ritmos y canciones de la gente de mar, esa alegría contagiosa y desmedida de los que tocan tierra y traen en la mirada la ebria nostalgia de otros mundos donde los sentidos se entregan a la fiesta permanente de una naturaleza generosa en satisfacer las más exóticas apetencias. Y así transcurren las tardes en la taberna, sin mayores incidentes y dentro de la desenfrenada rutina de los puertos.

Esa tarde ha estado un poco melancólico. Algo, allá adentro, ha

141

venido trabajando su habitual bonhomía. Siente que está ausente de un lugar en donde hubiera podido medir, en toda su plenitud, el alcance de sus esfuerzos por comunicar a los hombres la inagotable y vasta maravilla que discurre por su mente. En una tabla donde se registran las mercancías que se descargan en el muelle, advierte la fecha: 13 de abril, 1742. Y cae, entonces, en la cuenta del porqué de la ansiedad que lo incomoda: hoy, a esa misma hora, estrenan en Dublin, en una función de caridad, la obra a la que ha dedicado mayor esfuerzo y donde siente que ha puesto todo su genio, su oratorio *El Mesías*. Un hondo suspiro sale del vasto pecho de míster Haendel. Sí, en efecto, hubiera sido mejor estar presente para sentir el efecto de su música entre los presentes. Se alza de hombros y llama al mozo para que llene de nuevo su vaso. Un suave sopor torna a invadirlo. Todo está bien ahora. Ya habrá tiempo de tales comprobaciones. Él sabe que su obra vencerá al tiempo y a la precaria memoria de los hombres. Una sonrisa se dibuja en sus labios llenos y sensuales y se extiende por su orondo rostro de sajón satisfecho y sensual.

LOS TEXTOS DE ALVAR DE MATTOS

Estos textos de Álvaro Mutis fueron publicados con el seudónimo de Alvar de Mattos en la revista *Snob*, dirigida por Salvador Elizondo y Emilio García Riera, en México, durante el año de 1962.

PEQUEÑA HISTORIA DE UN GRAN NEGOCIO

KRISHNA MENON me habló del asunto, sin darle importancia, en el bar de los delegados de las Naciones Unidas. Meses después, Jan Grobiezki me lo volvió a mencionar en el Quai des Orfèvres. Cuando formé parte de la delegación de mi país a la toma de posesión del nuevo presidente del Brasil, un agregado comercial colombiano, con quien había hecho amistad en Ginebra, tocó el tema en un pasillo de Itamarati, como algo que lesionaba seriamente los intereses de su país. El hecho de que tan diferentes personas me hablaran en lugares tan distintos sobre la misma cosa, tenía su explicación en el desempeño de mis funciones como miembro de la Comisión Internacional del Mercado del Oro y que lo que a todos preocupaba era el contrabando de ese metal que venía en aumento desde el fin de la guerra y suponía una poderosa organización con ramificaciones en el mundo entero.

Al año siguiente de tales conversaciones, viajé a Ginebra con el objeto de participar, de acuerdo con la Interpol, en la elaboración de un plan destinado a reprimir el contrabando mundial del oro. Este trabajo dio lugar a algunos episodios, más dignos de una película de Alfred Hitchcock que de la tranquila rutina diplomática en un ya vetusto palacio de la que fuera Sociedad de las Naciones.

El primer paso afectó, precisamente, a mi buen amigo Jan Grobiezki, con quien comparto un sastre en Londres y una colección de ediciones originales numeradas de Valéry Larbaud. Como buen polonés, Jan no ha tenido jamás noción alguna del peligro y de haberla tenido tampoco le hubiera hecho ningún caso. Grobiezki desapareció de su apartamento de la Rue Monsieur le Prince sin dejar huella. De su oficina llamaron para preguntar si había amanecido enfermo; al no contestar el teléfono, su secretaria inquirió discretamente en los dos o tres bares en donde Jan ahogaba de vez en cuando sus rachas de eslavismo. Supo que no había estado allí en la noche anterior. Funcionarios de la Embajada Americana y miembros de la Interpol colaboraron con la gente del Quai des Orfèvres en la búsqueda de mi amigo. Los resultados fueron nulos. No había dejado ningún rastro. Nadie sabía nada. La portera no lo había visto y sus dos o tres amigas del momento nada podían decir tampoco. La noticia llegó

145

a Ginebra en la mañana y esa misma tarde recibí una carta firmada por Grobiezki que me alarmó en extremo. Decía así:

Mi querido De Mattos

He resuelto tomar unas vacaciones. Viajo a Karachi con unos amigos. No me guardes rencor si no te lo avisé a tiempo y dile lo mismo a nuestros amigos. Mis compañeros de excursión quisieran que no trabajaras tanto en la Comisión del Oro, dicen que a tu edad estos esfuerzos pueden costarte caro y merezcas unas vacaciones como las mías. Ocúpate de Adela y paga mis deudas donde Brianski.

Abrazos

Jan.

Tres puntos de la carta me dieron las pistas de por dónde iniciar la búsqueda: muy grave debía ser el aprieto de mi amigo para que me instara a hablar con Adela de Manzi, a quien yo le presenté cuando llegué al convencimiento de que las complicaciones de un alma eslava convenían mejor a la muchacha que la abulia soleada de un escéptico portugués. Jan jamás dejó nada a deber en el restaurante de Brianski, a donde iba en muy contadas ocasiones por no confiar mucho en el presente patriotismo polonés del dueño. Karachi no era la ciudad en donde estaba. La luz me vino cuando recordé algo que Jan solía repetir con mucha frecuencia, al hablar de las letras francesas: "Para llegar a gran poeta en Francia hay que haber sido cónsul en Karachi o primer secretario en Río." La piedra iba contra Morand, Perse y Claudel, que no eran santos de su especial devoción. Se me ocurrió pensar que Jan indicaba a Río de Janeiro como el lugar de su paradero. Por cierta intuición gratuita, tuve la certeza de que así era. Aclarado esto, me lancé, con dos agentes de la Interpol, a la búsqueda de Adela de Manzi. Llegamos a París en las primeras horas de la mañana y fuimos directamente a la "Boule Blanche", en donde Adela hacía su famoso número de *strip-tease* con ayuda de animales disecados tras de los cuales se escondía desnuda, comenzando por el ciervo y terminando con la breve golondrina. El relato de Adela dio más luz al misterio. Había ido donde Brianski con Jan. Cuando estaban cenando, el dueño se acercó discretamente a la mesa y le dijo a aquél que unos señores querían hablarle en uno de los reservados. Jan siguió a Brianski hacia el fondo del restaurante. Adela esperó un buen rato y ya cansada salió de allí creyendo que se trataba de uno de los muy poloneses arranques de humor de mi amigo.

Dos días después, Brianski, bajo la presión de la policía confesó haber sido cómplice en el rapto del economista Jan Grobiezki. Regresé

146

a Ginebra y allí completamos el rompecabezas. Jan regresó de Río de Janeiro, en donde había sido alojado en un lujoso apartamento sobre la Avenida do Ouvridor. Sus secuestradores trataron de presionarle, sin violencia, pero usando todos los argumentos posibles, para conseguir su colaboración y, con ella, ciertos datos respecto al control internacional del oro. Lo dejaron una mañana en el *hall* del Hotel Quintandinha y desde allí Jan me telefoneó anunciándome su libertad y su urgencia de hablar conmigo. Días antes, un hecho insólito sucedido en Estocolmo nos permitió conocer con todo detalle la intrincada urdimbre de uno de los más bizarros negocios de esta era atómica ya de suyo harto complicada.

Al trasladar de un lado a otro de las bodegas de los muelles de Estocolmo un vistoso convertible marca Dodge, procedente de la India y que nadie había reclamado, se notó que el lugar del chasís en donde se habían asegurado las cadenas de la grúa brillaba en forma extraña. Al averiguar el origen de tal brillo se encontró con que la totalidad del chasís era de oro de 18 quilates. Se examinaron los papeles de aduana y los sellos de ensamblaje del vehículo y se encontró que éste había sido vendido en el Brasil. Del informe rendido por Grobiezki y de lo investigado acerca del Dodge resultó lo siguiente:

El sindicato mundial de contrabandistas de oro monopolizaba el tráfico ilegal del mismo y daba a sus afiliados cotizaciones que les permitían conocer, cada día, los países a donde y desde donde era productivo el contrabando del precioso metal. Los cambios de precio son a veces tan intempestivos que, como en el caso del coche en Estocolmo, había que dejar a medio camino una operación hasta que las circunstancias tornaran a ser favorables. Las personas que no estaban afiliadas al sindicato y que se arriesgaban a actuar por su cuentan, eran entregadas a los policías locales por los miembros del sindicato que vigilaban cada movimiento del mercado.

Pero las ambiciones del sindicato iban más lejos. El día en que pudieron controlar ciertas variaciones del precio del oro determinadas por la comisión y por los gobiernos en ella representados, el radio de acción y el poder del sindicato serían incalculables. Grobiezki era el punto clave para alcanzar este propósito. Fallaron por desconocimiento del sentido del honor que tienen los hijos del legendario y pío monarca Juan Casimiro y por ignorar también que los sueños de Barnabooth —el personaje de Valéry Larbaud tan caro a mi amigo y que era dueño de "toda la propiedad raíz del mundo"— no eran ya los del juicioso profesor de economía que detesta los sacos de tres botones, las corbatas a rayas y las mujeres con talento. Era de oír al nervioso Grobiezki cuando relataba, en su cuarto de hotel en Ginebra, el desfile de increíbles proposiciones que le hicieran sus raptores a fin de convencerlo de que colaborara con ellos desde su cargo en altos organismos económicos internacionales. "Me ofrecieron —decía— una suma colocada en efectivo en distintos bancos, a nombre de quien yo quisiera y que tenía siete ceros. Les expliqué que cierta modestia de medios era para mí la clave de la felicidad. Me amenazaron luego con asesinar a Adela de Manzi. En los ojos me debieron ver que con ello me solucionaban un problema. Me comunicaron que podía yacer en un saco en el fondo de la bahía de Río de Janeiro y mi curiosidad por conocer las profundidades marinas y descender a ellas, dando tumbos como informa Rimbaud en su *Bateau ivre*, los decepcionó notablemente. Me mostraron fotostáticas de mi firma al pie de una carta en donde yo ofrecía mis servicios al sindicato y amenazaron con enviarla a mis jefes. Yo les indiqué la inconveniencia de dar publicidad a un documento en donde se protocolizaba la existencia de una organización de tal índole. Dejaron de llevarme comida un día y me amenazaron con debilitarme hasta obligarme a acceder a su voluntad y les expliqué que precisamente mi problema era perder unos kilos de más y que me caía muy bien la dieta. Ya sabes que una de las reglas del sindicato es jamás llegar hasta el homicidio ni complicarse en ningún asunto jurídico distinto del contrabando del oro. Ellos no sabían que yo conocía ese rígido principio de la banda y allí estaba mi fuerza. Cuando la Interpol se movió en Río para buscarme y el chasís del Dodge optó por brillar en Estocolmo, me dejaron en el Quintandinha traquilamente."

Nunca he sabido hasta dónde tuvo miedo este polonés sorprendente y siempre burlón. A veces sospecho que se dejó raptar con demasiada facilidad sólo para saborear la aventura. Así fue como en París dos miembros del sindicato lo llevaron a un C-54 de matrícula venezolana y en el camino al aeropuerto se ingenió la manera de escribirme la carta en donde estaban todas las claves. La escribió en el sanitario de una estación de gasolina y la puso al correo en una farmacia adonde entró con el pretexto de comprar un remedio para el mareo. Uno de sus raptores era americano y el otro evidentemente napolitano aunque trataba de hablar el francés con acento del mediodía. Le hubiera sido muy fácil engañarlos y escabullirse, pero prefirió seguirles el juego esperando así llegar a conocer a fondo la organización sobre cuyas huellas estábamos. Sus previsiones se cumplieron y el sindicato se desarticuló repentinamente. El colmo de la ironía fue descubrir que su sede estaba en la misma Ginebra, en donde todos los años nos reuníamos por el otoño para deliberar sobre el mercado mundial del oro.

No se necesita ser un lector muy avisado para notar en este relato ciertas lagunas y datos obviamente truncados para despistar. Sería mucho pedirme que, a más de narrar algunas anécdotas sabrosas de mi vida diplomática, traicione el secreto profesional, en favor del morboso afán del público de enterarse de lo que, en el fondo y si bien lo vemos, bien poco le incumbe. Por ejemplo, este relato debería terminar como todos los de su género y de acuerdo con el código Hayes, con el castigo de los culpables y el premio para los inocentes. Siento mucho desilusionar a mis lectores diciéndoles que el contrabando del oro sigue operando en el mundo entero y que si ven a un apresurado viajero que cambia inopinadamente de avión en Panamá y en lugar de seguir a Santiago, viaja a Kingston, o si ayudan a cambiar de tren a una atractiva rubia con acento sueco que descubre de repente que el tren a Madrid no le conviene y es mejor para ella el tibio aire de Ankara, están asistiendo, muy probablemente, a un episodio de rutina en el ingenioso tráfico mundial del oro. Pero mi consejo es que se mantengan al margen y dejen pasar las cosas como si nada hubiera que pudiera interesarles menos, a no ser que tengan el temple y el robusto sentido del humor de mi amigo Jan Grobiezki que, desde luego, no se llama así, pero sí se viste en Londres donde mi sastre y comparte conmigo la única colección completa de las ediciones originales numeradas de Valéry Larbaud.

MEMORIA DE DRIEU LA ROCHELLE

PAUL VANDROME, EN SU LIBRO SOBRE DRIEU DICE LO SIGUIENTE:

> Antes de morir, Drieu envió esta carta a su discípulo Lucien Combelle: "Mi querido Combelle, usted fue un buen amigo, mi último amigo. Espero que vivirá usted y que defenderá lo que hemos amado: un socialismo orgulloso, viril. Por lo que a mí respecta no he tenido más que un solo pie en la política, el otro estaba ya en otra parte. Deseo permanecer fiel a la imagen que he trazado en la plenitud de mi edad. Lo saludo, etc. . . ." Lucien Combelle nos ha relatado que durante la última conversación que sostuvo con Drieu, la víspera de su primera tentativa de suicidio, éste le había pedido que, si sobrevivía a la depuración, se uniera a Thorez.

FUE Zachary Anghelo quien me presentó a Drieu la Rochelle en el verano de 1939. Anghelo trataba de salvar en la moviola un film de Henri Decoin, *Battement du coeur*. Los productores lo habían llamado de Hollywood en un vano intento de recuperar sus inversiones gracias a la sabia experiencia de mi amigo. Había aparecido en mi habitación del Hôtel du Colisée, con el aire agotado de quien desea olvidar una pesadilla. "Vamos al Bar del Prince, me dijo, tengo una cita con Drieu que acaba de llegar de Alemania y quiero que lo conozcas. Difícilmente podrás olvidarlo después." Le seguí un poco a disgusto. Tengo que confesar que ni las novelas *Drôle de voyage* y *L'homme couvert de femmes*, ni el libro de ensayos *Notes pour comprendre le siècle*, que eran los únicos libros suyos que había leído, lograron interesarme tanto como para intentar la peligrosa experiencia del conocimiento personal de alguien que, como Drieu, tenía ya en su contra buena parte de las letras francesas y había ganado la simpatía de quienes comenzaban a caer en la maraña tejida por Otto Abetz. Sin embargo, la preponderante situación de La Rochelle en la NRF, el respeto que le testimoniaban gentes tan difíciles y avaras en elogios como Gide y Montherlant, me impulsaban tras las inal-

150

canzables zancadas de Anghelo, quien, en su costumbre de hablar a gritos, enteraba a los viandantes y ocasionalmente a mí, de sus puntos de vista, harto personales por cierto, sobre el escritor. "Vas a conocer al último francés lúcido que trata de sobrevivir en este burdel —yo estaba acostumbrado a las exageraciones de mi amigo cineasta, pero ésta era ya algo difícil de pasar, sobre todo por aquellos días—. Drieu sabe que ya no hay nada que hacer, que estamos acorralados todos, ellos y nosotros. Que la trampa es tan vieja como el hombre y que lo que hay que organizar es esa muerte personal y rilkeana a la que tanto te opones tú, portugués sentimental y diplomático impenitente. Drieu es un clásico en su estilo y desde la época de Nerón y de Calígula no habían dado los latinos un preceptor que viera tan lejos en el destino del hombre y conociera tanto de prostitutas, de gramática y de licores."

Entramos en la fresca penumbra del Bar Prince deslumbrados por el sol del verano. Avanzamos torpemente por entre mesas y criados silenciosos y me hallé de repente ante un rostro agudo, unos ojos azules por los que se paseaba esa secular inocencia gala que ha engañado a tantos pueblos, acogido por una voz tímida, insegura, inteligente, con altos y bajos por los que se deslizaban astutamente un impecable acento con mucho de Guermantes y ciertos lunares de *sorbonnard*. Ya acostumbrado a la media luz, me di cuenta de que Drieu pertenecía, casi sin él mismo saberlo, a la tradición de dandismo francés que desde los *mignons* de Enrique III, pasando por Barbey a Baudelaire hasta Montesquieu y Charles Haas, se ha diferenciado del inglés por la peligrosa intrusión cartesiana de la inteligencia en el fresco y efímero mundo de la elegancia. Llevaba un traje gris ligero, una camisa de un peligroso mostaza claro y una corbata azul oscura de seda tejida. Todo se salvaba en un hilo y él, en buen *dandy*, no se daba cuenta. Todo parecía escogido al azar, y tal vez lo fuera, y la combinación pudo nacer en el desorden de unas maletas a medio abrir y la precipitación de una cita eventualmente olvidada.

Hablamos al principio un poco de todo. Portugal, el atardecer en Braga, la vida en Estambul, la vulgaridad de Berlín, la enfermedad de Valéry Larbaud, los proyectos de la Reinfesthal de coproducción con Francia, la enfermedad de Milhaud, las ramificaciones de la American Legion con organizaciones nazis de los Estados Unidos, otra vez Portugal y, de pronto, dos alusiones centraron la conversación en un tema que hoy recuerdo como singularmente profético y doloroso: la frase del rey portugués herido de muerte que dice a sus vasallos que se apresuran torpemente alrededor de su lecho: "Morer,

151

simmais devagar" y el suicidio de Mario de Sá-Carneiro en París en su alcoba del Hôtel de Nice. El torrente desarticulado en que habíamos caído se ordenó, por obra de Drieu, en un lento canal de aguas tranquilas. Habló del suicidio, su permanente obsesión: —He visitado muchas veces esa habitación, nos dijo, no tiene naturalmente, nada de particular. Nadie sabe allí que en ese cuarto se disparó un balazo un hombre de letras de Portugal y de Europa. Varias veces he tomado ese cuarto por semanas y solo o acompañado he pasado allí largas temporadas de descanso. Para quien como yo sabe que ha escogido el camino más peligroso, buscando en la turbia aventura nazi el último aliento para una Europa que se nos desmorona y comienza otra vez a convertirse en una península más del Asia, estas curas de reposo traen una gran salud.

—¿Pero cree usted realmente que Alemania tenga alguna probabilidad esta vez de salirse con la suya? —le pregunté yo, usando el viejo truco diplomático de plantear a boca de jarro lo que nunca debe mencionarse.

—Alemania desde luego que no —me contestó La Rochelle sin inmutarse—, si usted lo piensa un poco, Alemania no ha existido jamás. La falta de sentido histórico de Francia, con la vista siempre hacia el Atlántico en los últimos cien años, la estolidez de la política austriaca, la astucia inglesa y el sentido demasiado elemental del equilibrio de la política exterior rusa, han sido las razones para que exista eso que se llama Alemania. Hitler, un austriaco, le ha prestado a esa federación caótica, una mística, espuria o no, pero una mística con la cual debemos estar todos los que creamos aún en algo que se pueda llamar Europa. El nazismo es el primer paso, después cada país, por su propio camino, hallará la salida contra una tenaza que se cierne para borrarnos de la civilización o mejor para borrar "nuestra" civilización: los Estados Unidos por un lado y Rusia por el otro.

Anghelo objetó la sangrienta represión racista, los campos de concentración, la chata ideología con tufo a cerveza de gentes como Himmler o Hess. Drieu repuso: —De repente nos hemos vuelto todos de una delicadeza algo inesperada. ¿Es que los políticos que pelotean el presupuesto hace cincuenta años en Francia valen más que la pandilla nazi? ¿O cree usted acaso que quienes manejan la política inglesa, con el señor Chamberlain a la cabeza, son personas de la mayor altura y del más desinteresado humanismo? ¿O me va usted a decir que Stalin y su sistema de purgas son mejores que Buchenwal y la represión en los *sudetenlands*? ¿Dónde estaban estos últimos dos años, cuando hemos visto agonizar a España sin mover una mano, los que

152

hoy se aterran y claman contra Alemania? ¿Por qué no actuaron y gritaron entonces? —La requisitoria se alargó por varios minutos. Yo intervine para de nuevo tratar de aplicar un cauterio en la lisa y al parecer insensible piel del inquieto escritor: —Pero un hombre como usted, uno de los fundadores de la NRF, alguien que representa tan cabalmente todo lo que Francia puede dar para un mejor conocimiento del hombre y de su destino, no puede estar al lado de algo que, por lo menos, vuelve a ser de nuevo el por ustedes tan temido *desorden idealista alemán.*

Drieu se volvió contra mí, imperturbable y seguro: —Es precisamente por lucidez que he escogido esta infamia y no la otra. Si es asunto de asco, más me lo produce la bondad inocua de León Blum que el cinismo felón de un Ribbentrop o de un Ciano. Justamente para que Francia sobreviva, los que tenemos el dudoso privilegio de la inteligencia, debemos escoger una infamia a nuestra medida, una infamia total, una infamia que nos purgue de sueños imbéciles y de liberalismos estériles. Yo juego con todas las cartas sobre la mesa. Malraux, en cambio, esconde los triunfos y ya veremos muchas transformaciones suyas antes de que suba a donde él realmente sueña y que ustedes ni se lo sospechan. Montherlant, en cambio, quemó la baraja, pero sigue sentado con los ojos en el tapete con clarividencia medieval. Estoy con él en muchas cosas, pero no admito ese quedarse suyo al margen y al mismo tiempo gozar de las emociones del juego.

—¿Ha pensado usted en la posibilidad de perder? —le pregunté curioso de comprobar en mi interior una certeza que se me hacía cada momento más clara.

—Yo no pierdo, amigo. No tengo nada que perder. Es más, sé que no es ésta la jugada principal en la suerte de Europa, éste es apenas el comienzo. Yo he escogido el camino de la derrota y la vergüenza porque en el fondo me da igual, puesto que ya tengo escogida mi última carta. Ningún hombre que se precie de serlo y a quien al mismo tiempo le haya dado el azar una gota de razón, debe sobrevivir a sus cincuenta años. Pase lo que pase en el mundo, es mi cuerpo, mi mente, mi ser quienes han tomado la determinación final y para ello atiendo sólo a lo que ellos me dictan a través de esa vida secreta, intransmisible y única que cada uno de nosotros vive en compañía de sus tejidos, de sus células, de sus personales transformaciones y catástrofes. Recuerde a Sá-Carneiro. Lo miserable, en cambio del mito de Rimbaud es que la segunda parte de su vida sólo es el lento suicidio de un pequeñoburgués desesperado por la visita del genio en que ardieron sus primeros años. Y sin embargo, ese huir a Etiopía para comerciar con marfil y con esclavos es, quién lo duda, más valedero que un éxito a lo Cocteau o a lo Aragón.

—Pero está usted arriesgando también, con su posición, todo lo que pueda significar y servir su obra para la grandeza de Francia —le dije ingenuamente.

—¡Ah, qué portuguesa, qué ibérica esa manera de pensar! Perdóneme que se lo diga. Ha de saber usted que quienes hoy me acusan de pactar con los enemigos de Francia, de abrir las puertas a quienes atentan contra nuestra libertad como nación y como pueblo, los que me llenan, desde la izquierda y desde el centro, de improperios y basura, a esos, a los puros, a los que caen siempre con los pies sobre la tierra después de cada pirueta, a los administradores perpetuos de la justicia y del honor, les será muy fácil hundir mi obra, que por lo demás bien poco vale en el fondo, en un olvido de donde ya nada ni nadie podrá rescatarla. Desde que escribí la primera línea sabía que estaba perdiendo el tiempo. En cambio cada vez que fundan una nueva casa de citas, inauguran un burdel con personal escogido o abren un bar confortable y tranquilo, me refugio en ellos con la certeza de estar participando en algo más perdurable, más sano y menos calculado que mi obra o el futuro de la tercera república.

Seguimos hablando un rato más. Drieu nos relató su viaje a Austria, nos describió la fría lobreguez de los pasillos de Schönbrunn, el encanto populachero y amable de Prater y ciertos matices del dialecto vienés que deja ver todo el ingenio que les hace falta a los berlineses. Volvimos un momento al tema del suicidio y, de pronto, mirando el reloj se puso en pie y se despidió de nosotros. Salimos con él hasta la puerta, en donde lo esperaba un flamante Delahaye gran sport conducido por una mujer morena, de tipo eslavo pero que bien podía ser inglesa por la frescura de la piel y cierta seguridad en los ademanes. Drieu nos hizo un gesto de despedida con la mano y se perdió en la corriente del tránsito en donde alcanzamos a ver todavía, por un instante, la mancha amarilla de la capota del coche.

Veintitrés años después, en la precipitación de un cambio de trenes, compro para leer en el viaje el *Récit secret* de Drieu la Rochelle publicado por la NRF. Me había enterado de su colaboración con las tropas alemanas, de su huida a Ginebra, su regreso, su juicio y su suicidio con barbitúricos y gas en su apartamento de París. Pero ningún testimonio de amigos ni enemigos me dio más luces sobre los motivos secretos que lo llevaron a matarse. En este breve libro póstumo, en este amargo testamento de hombre libre, estaban expuestas todas las razones de su fin. Recordé nuestra charla en el Bar del Prince, fui reconstruyendo frases y gestos suyos y supe cuán firmemente, desde entonces, había tomado la determinación de morir por el camino de la razón y la lucidez, escogiendo libremente lo que entonces eran la infamia y la vergüenza y hoy tal vez se llamarían de muy distinta manera. En medio del suave deslizarse del tren por las grises llanuras de Flandes, releo una y otra vez las últimas palabras de Drieu la Rochelle, el suicida de quien casi nadie se atrevía a hablar hasta ahora que les tira a los "componedores" de Argel, estas palabras escritas el día de su muerte:

Ante todo no reconozco vuestra justicia. Vuestros juegos y vuestros jurados han sido escogidos en forma tal que descarta la idea de la justicia. Hubiera preferido la corte marcial. Hubiera sido de parte vuestra más sincero y menos hipócrita. Además, ni la instrucción, ni el proceso son llevados según las reglas que constituyen la base misma de vuestra concepción de la libertad.

Por otra parte, no me quejo de estar ante una justicia que tiene casi todas las características de una justicia fascista o comunista. Anoto únicamente que para justificarse plenamente a mis ojos, sería preciso que las obras de vuestra pretendida revolución estuvieran a la altura de su pomposa justicia. Pero por el momento, la revolución de que se vanagloria la Resistencia vale lo que la revolución de que se ufanaba Vichy. La Resistencia sigue siendo una fuerza mal determinada y mal justificada, entre la reacción, el antiguo régimen de la democracia parlamentaria y el comunismo, participando de todos ellos y no tomando de parte alguna su verdadera fuerza.

Yo voy a ser condenado aquí, como tantos otros, por algo tan transitorio y efímero que mañana nadie osará proclamarlo sin duda ni temor.

No me reconozco culpable. Considero que he actuado como podía y debía actuar un intelectual y un hombre, un francés y un europeo.

En este momento no rindo cuentas a vosotros, sino de acuerdo con mi rango, a Francia, a Europa y al hombre.

HISTORIA Y FICCIÓN DE UN PEQUEÑO MILITAR SARNOSO: EL GENERAL BONAPARTE EN NIZA

Rodando por las calles de Niza, mientras hacía tiempo hasta cuando se instalara la Comisión Internacional del Mercado del Oro que debía reunirse en Ginebra, y en la cual representaría a mi país, me interné por una red de callejas antiguas llenas de un particular sabor marino muy siglo xviii. Vine a parar a un callejón formado por dos grandes edificios que se reunían al fondo en una pequeña plaza de armas. Una placa de mármol oxidado, que se confundía casi con la verdinosa vetustez de las paredes, indicaba a quien quisiera saberlo, que ese lugar lo ocupó el estado mayor del ejército de Italia cuya gloria y fortuna estuvieron ligadas a las del Emperador Napoleón I.

Me entretuve un rato mirando las viejas paredes, el patio de adoquines desportillados, los grandes portones cerrados. Todo el conjunto lo usaba ahora como bodega una compañía de colorantes químicos y despedía un vago olor a farmacia y a tinta. De regreso al hotel, he ido reconstruyendo una escena que me gusta recrear a menudo en la memoria y que creo constituye el punto de partida, la primera revelación, la prueba inaugural del genio del general Bonaparte: su posesión del mando del ejército de Italia. Porque no creo que haya sido ni la conducta en Tolón, ni la actuación en París al repeler los ataques de la chusma contra la Convención, ni menos su amistad con Barras y el círculo de Josefina, los factores que determinaron su fulgurante carrera. Es su primer mando como general de un ejército lo que le va a permitir mostrar de un golpe, con eficacia magnífica, la autoridad de su talento como militar y la certera fuerza de su carácter. Ahora que por el azar del ocio me ha sido posible conocer el lugar de los hechos, vuelvo una vez más a reconstruir la escena.

El ejército de Italia, acampado en las afueras de Niza y a lo largo de la costa, se ha ido deshaciendo durante cuatro interminables años de inacción y pillaje, hasta convertirse en una turba de soldados harapientos y famélicos, comandados por oficiales inescrupulosos y haraganes. Divisiones enteras desertan y se lanzan al campo asolando pueblos y campos y sembrando la destrucción y la miseria. Los hechos heroicos del ejército del Rhin llegan hasta aquí como un ejemplo que en vez de levantar la moral de las tropas, sume a éstas en la apatía ignominiosa de su inmovilidad.

La idea de conceder al joven general de 27 años el mando de semejante ejército me ha parecido siempre muy dentro del estilo cínico y mordaz del *ci devant* vizconde de Barras, amigo de Josefina, miembro del Directorio y artífice consumado de cuanta intriga y latrocinio han denunciado, cada vez con menos énfasis, los periódicos y pasquines que él sabe callar tan hábilmente. El hecho de casar a Josefina, la deslumbrante criolla, con ese corso flacucho de voz chillona que habla de todo con propiedad y lucidez incómodas y que se permite ideas propias sobre asuntos harto comprometedores, constituyó una broma más de la "banda" a la que se sumara también el diabólico ciudadano Talleyrand-Perigord y otros revolucionarios cuyo talento había consistido, al decir de Sieyés, en sobrevivir a la carnicería de los últimos quince años. Pero después de casarlo con Josefina, era preciso alejarlo de París. Bonaparte mostraba tener más talento del que era tolerable y una probidad que en nada convenía a los ávidos propósitos de sus bienhechores.

Así fue como se apareció el enfermizo y pálido muchacho con cara de niña y raído uniforme sin adornos, en la oficina de Barras para recibir instrucciones sobre su nuevo destino. Mallet, Reubell y otros muchos, no pueden creer en que el cinismo de los miembros del Directorio pueda llegar a tal punto. "Apenas puedo creer que usted haya cometido una falta semejante", escribe Dupont de Nemours a uno de los directores, "¿es que no sabe acaso de lo que son capaces estos corsos? ¿No ve que todos tienen su fortuna por hacer?" Barras debe sonreír pensando cuán fácil ha sido envolver a este pobre diablo de corso y alejarlo de París. Bonaparte, entretanto, se sumerge en los planos de la región en donde está su ejército desperdigado. Consulta, toma apuntes, mide distancias, calcula tiempos, estudia cosechas, vientos, climas. Una ciudad tras otra, van quedando todas en su memoria, con sus murallas, sus puertas, sus edificios públicos, sus acueductos, sus matices regionales y políticos, "agota" —la palabra le gustará siempre y la usará ya se trate de pueblos o de personas— toda la vasta zona que lleva hasta los lejanos valles del Piamonte. Toma datos sobre los generales, comandantes de división que forman su estado mayor, interroga hasta el cansancio a los compañeros de armas que los conocen. De Augereau se acuerda todavía, un gigante irascible, parisiense de pura cepa, inteligente a pesar de su aparente grosería, de maneras vulgares y comunes pero valiente, audaz y terco como pocos. Masséna, astuto y fuerte, cuyo genio militar será reconocido muy pronto,

157

Serurier, otro gigante pero, a diferencia de Augereau, tranquilo, reflexivo, vanidoso, buen conocedor de la teoría y con una larga práctica de batallas. La Harpe, un suizo gigantesco, bueno y sencillo como el pan, resuelto e incansable en el combate y, finalmente, Stengel, el jefe nato de caballería, alemán rudo y simplote, el mejor entrenador de tropa que tiene el ejército. Todos le aventajan en edad, todos vienen guerreando desde hace varios años y han conocido ya la crueldad de los combates, el dolor de las heridas, el agotamiento de las grandes marchas y la ebriedad de la victoria. Todos están ya formados con sus defectos y sus virtudes, haciendo parte inmodificable de su persona. Hechos a la vida y a las intrigas del cuartel, capaces de todo el valor y toda la astuta maña de quienes han arriesgado muchas veces la vida y conocen lo que ésta vale y cuán triste y feo es perderla en el desorden de una batalla.

En un coche destartalado, Bonaparte se pone en marcha, quemando etapas hacia Niza entre un desorden de mapas, libros, listas del ejército e informes de los inspectores. La sarna adquirida en Tolón le ha llenado el rostro delicado de pequeñas costras que suele arrancarse distraídamente mientras lee y toma notas; la sangre le corre por el rostro, le mancha las camisas, se seca en los papeles. Antes de salir se casó precipitadamente con Josefina. Piensa en ella, sueña en ella, se quema en una fiebre delirante que le cava el rostro y le hunde los ojos en grandes ojeras de insomnio. En las paradas desciende mientras cambian de caballos. La gente se queda esperando que baje el verdadero general y cuando se dan cuenta de que es el esquelético muchacho que da órdenes en un francés salpicado de corso y con una voz irregular y aguda, piensan que muy mal han de andar las cosas en París para que pueda llegar a general tan frenético y débil personaje. Vuelve a subir, torna a sumergirse en los mapas y, sin sentir el frío ni el cansancio, sigue calculando, hora por hora, metro por metro, la campaña que le dará la gloria. Avanza hacia el Mediodía en donde ya había estado hace unos años como oficial de artillería en Tolón. El coche se pierde en la noche de los caminos por los que comienzan a aparecer, cada vez con mayor frecuencia, las sombras famélicas de los soldados del ejército de Italia que desertan en grupos hacia sus casas.

En Niza, en el Cuartel General, los comandantes de división han acabado de cenar y comentan las noticias de París. La más importante para ellos, el nombramiento del nuevo general en jefe a quien suponen todavía en la capital preparando su viaje. Los grandes penachos de sus sombreros se mecen en la sombra de la estancia iluminados por algunos pocos candelabros requisados quién sabe dónde. Habla Augereau:

—A Bounapata, Bounaparra o como se llame, le vi un momento cuando entraba con el joven Murat al Ministerio de la Guerra. Tiene una cara de niña picada por la sarna y da la impresión que se va a desmayar de un momento a otro. ¿A quién diablos se le pudo ocurrir nombrarlo general? La canalla del directorio debe estar ciega o loca para cocinar semejante broma.

—Lo que me parece aún más increíble —agrega Masséna, quien se muestra pensativo desde cuando llegó la noticia— es que lo nombren aquí. Si nosotros que tenemos experiencia y nos hemos quemado el c... en tantas batallas no podemos poner orden ni salir del atolladero, ¿cómo va a hacerlo ese pobre títere corso de quien se dice que todavía es virgen? Yo conozco algo de la familia y creo que debemos andarnos con cierto cuidado. Es un clan odioso y han pasado tales hambres que la ambición debe quemarles el fundillo y empujarlos a las mayores locuras.

En su francés tartajoso, Stengel se suma a la conversación:

—Yo no estoy dispuesto a obedecer a semejante tipejo. Que se las arregle solo con la caballería. A ver con qué voz ordena una carga de dragones el muy marica. Yo pido mi cambio al Rhin mañana mismo. Están locos en París o ya no les importa sino robar y llenar de joyas a sus condenadas amantes —y soltó tres tacos en donde el Ser Supremo salía bastante mal parado.

—¡Y quién habla de obedecer! —vocifera Augereau energúmeno—. Que me diga primero en qué batalla ha estado antes de esperar que yo le reconozca como general en jefe.

Todos ríen estrepitosamente. Ya conocen de lo que es capaz este inmenso parisiense que es un saco de malicia y buen humor y cuyos repentinos arranques de ira han dejado helado a más de un curtido granadero.

En el patio se oye un ruido de armas. Grita algo un centinela. Se abre una reja que chilla lastimeramente. Como una tromba entra un coche lleno de tierra arrastrado por unos caballos que ya no pueden dar un paso más y de cuyas bocas sale una tibia espuma sanguinolenta. Los comandantes salen a ver quién ha llegado. Al abrir la puerta se alumbra un poco la portezuela del coche que da paso a la más extraña figura que hayan visto en su vida de soldados. Temblando de fiebre, con la camisa manchada de sangre, los ojos inmensamente abiertos, la tez pálida y tensa, el uniforme en desorden, el sable arrastrándole por el suelo a causa de su reducida estatura, los cabellos largos y lacios pegados al rostro como los de una muchacha, desciende el general Bonaparte. Alguien contiene una risa. Otros se alzan de hombros, acostumbrados como están a las grotescas fantasías de una revolución que agoniza en los peores extremos. Bonaparte avanza hacia ellos y sin decir palabra, entra a la habitación en donde han retirado ya los ordenanzas los restos de la cena. Va a recostarse contra la chimenea y pasea sus ojos por los presentes, que a su vez le miran fijamente.

—Buenas noches, señores oficiales —dice llevándose la mano al sombrero en ademán de descubrirse. Uno a uno, los otros se van quitando los empenachados bicornios. Él baja la mano y deja cubierta la cabeza. Nadie se atreve a pronunciar una palabra. De los grandes ojos soñadores y femeninos ha salido la famosa "mirada que atraviesa" que los ha dejado a todos congelados. De la fina boca parte un torrente de órdenes que los circunstantes no dejarán ya de escuchar y obedecer hasta cuando mueran en el campo de batalla, o se retiren en el atardecer de Waterloo. Son órdenes precisas, concretas, minuciosas hasta el último detalle, que denotan una memoria, un poder de percepción y un sentido del tiempo que se antojan sobrehumanos a estos rudos guerreros que aguantan el chaparrón sin atreverse a decir palabra.

—General Masséna, prepáreme un informe sobre la moral de las tropas, número de desertores, regiones donde se encuentran, arma a la que pertenecen, provincia de origen, tiempo que hace que desertaron, rango y entrenamiento que hayan recibido. Cerque los pueblos en donde se encuentran, doble las raciones de quienes se encarguen de la tarea y manténgame informado cada tres horas de su trabajo. Comience ya. Muchas gracias. —Le mira al rostro; Masséna, el cínico y valiente. Masséna estará desde ese momento dispuesto a dar la vida por el pequeño corso que le hace sentir un extraño mareo cuando se le queda mirando. Se cubre y sale en silencio.

—General Augereau —continúa Bonaparte sin tomar aliento—, requise todos los víveres de la región, organice un sistema de rancho que le permita a la tropa comer tres veces al día. Prepáreme un informe sobre la paga, cuánto se debe, desde cuándo y a quiénes. A los contadores que se halle culpables de malversación o robo, fusílelos inmediatamente como escarmiento. En diez días necesito que me tenga abastecimientos suficientes para diez días de marcha. Hágame un informe sobre el parque, estado de la artillería, cuánta pólvora y cuántas municiones hay y cómo se pueden movilizar rápidamente. Gracias.

160

El gigante pelirrojo se tambalea de una pierna a otra. Incómodo, azorado, trata de hablar y las palabras no le salen. Por fin se le oye decir con voz ronca: —Mi general, no tenemos parque, ni pólvora y...

Una voz seca y cortante le interrumpe: —Consígalos... Gracias. —Augereau se retira y en la oscuridad choca contra Masséna que regresa de dar órdenes. —Ese tipo ha estado a punto de darme miedo —comenta éste, quien tampoco las tiene todas consigo. Se pierden en la oscuridad y todo el cuartel se pone en movimiento.

—General Stengel —prosigue imperturbable la voz vidriosa y aguda—, usted es el mejor sable del ejército. Demuéstremelo. Requise todos los caballos de la región, organice dos cuerpos móviles ligeros y seis de dragones. Prepáreme un informe sobre las posibilidades de marcha de su cuerpo, alcance del mismo, provisiones que necesita, deserciones que haya tenido, moral de sus tropas y días que necesita para poner en orden su comandancia... De usted tal vez dependamos todos. No le permito equivocarse. Un oficial como usted no se equivoca. Muchas gracias. —El alemán no sabe qué ha sucedido. Se siente diez años más joven, sueña ya con sus dragones, su caballería ligera, en la garganta le hierven las voces de mando. Se cubre y precipitadamente se retira.

—General La Harpe, coordine las labores de los generales Masséna y Augereau y ponga en orden las cuentas del ejército. Tiene seis días para hacerlo. Muchas gracias. —El suizo sale en silencio abrumado por la tarea que le espera, y que cumplirá al pie de la letra.

Se han quedado solos Bonaparte y Serurier. Éste es un curtido oficial del Estado Mayor, estudioso, serio, tímido e inseguro pero, como todos los otros, de un valor a toda prueba en el campo de batalla. Napoleón le mira fijamente, lo mide, lo cala hasta sus últimas fibras de hombre de armas. —General Serurier —le dice—, tome papel y plumas y copie lo que le voy a dictar. —Comienza a pasearse recorriendo a grandes zancadas la pequeña habitación. Es un paseo que no parará ya en muchos años, que pondrá en conmoción al mundo y creará un orden nuevo en Francia, Serurier está listo. Se oyen las primeras palabras de la escalofriante Proclama al ejército de Italia:

Soldados: estáis desnudos y mal comidos, el gobierno os debe mucho y nada puede daros. Vuestra paciencia y el valor que demostráis en estas montañas son admirables, pero no os van a procurar ninguna gloria, ni un rayo de ella brilla para vosotros. Os voy a conducir a las llanuras más fértiles del mundo. Ricas provincias, grandes ciudades estarán a

vuestra merced; allí encontraréis gloria y riquezas. Soldados de Italia:
¿Os irán a faltar el valor y la constancia? . . .

Y así comienza la última epopeya escrita sobre las rutas de Europa
por un solo hombre, la última página de una gesta radiante que comenzara con el Cid, con Rolando y con Sigfrido. La última leyenda.

EL INCIDENTE DE MAIQUETÍA
O
"ISAAC SALVADO DE LAS JAULAS"

En los anales privados de mi vida diplomática suelo llamar esta historia "El incidente de Maiquetía", en primer lugar porque sucedió en el aeropuerto de Caracas y, en segundo, porque la palabra incidente, seguida de un nombre de ciudad, le da ese cariz de momento crítico en las relaciones de dos países, cosa que estuvo a punto de serlo. Los hechos ocurrieron como sigue:

La torpeza de un empleado portorriqueño en Miami para entender mi inglés de Cambridge y la mía al intentar llegar al español a través de la lengua de Camões, en lugar de hacerlo por encima de ella, fueron culpables de que, para ir de Florida a Caracas, tuviera que tomar un avión de los que suelen llamar "lecheros". Si bien es cierto que su destino final era la capital venezolana, el avión tocaba antes tres islas del Caribe y dos puertos colombianos sobre el mismo mar, Cartagena de Indias y Barranquilla. Yo viajaba, designado por la Comisión de Derechos Humanos de la ONU, para asistir como observador a la Conferencia en donde se acordó concederle a Foster Dulles el placer de disponer libremente de Guatemala para beneficio de la United Fruit Co.

Al bajar en Barranquilla me encontré en el bar del aeropuerto con dos antiguos compañeros de la Sociedad de las Naciones que formaban parte de la delegación colombiana a la Conferencia. Con ellos estaba el héroe de esta historia. Se trata de don Isaac Tafur Abinader, opulento periodista de origen libanés, quien merced a un estilo *sui generis* y por demás convincente, había fundado varios periódicos en Colombia, de los cuales recibía pingües utilidades. Su método consistía en conocer a fondo las más escondidas debilidades de los grandes industriales y banqueros y hacerles saber, por medio de ciertas sibilinas señales que comenzaban a aparecer en sus diarios, que era dueño de secretos que dejarían de serlo de no aparecer en sus periódicos la publicidad de las empresas que dirigían. Caló don Isaac tan hondo en su labor de conocer las interioridades de los poderosos, que llegó también a cosechar en los dominios de los políticos, los cuales no

163

tuvieron más remedio que plegarse mansamente a los cada día más vastos intereses de don Isaac.

Pero había otra razón para explicar el poder que alcanzó Tafur en varios órdenes de la vida en su país, y era su caudalosa simpatía. Alto, fornido, con unos grandes ojos sonrientes medio escondidos por el desorden de unas cejas entrecanas y retozonas, su gran nariz levantina de aletas móviles y ultrasensibles iba a morir voluptuosamente a la orilla de unos delgados labios casi femeninos. La generosa pilosidad que por orejas y nariz le asomaba, era como un testimonio de su irrefrenable potencia vital. Tenía unos brazos de estibador y unas manos de violinista zíngaro. Todo el conjunto remataba en una abundante cabellera de un negro profundo. Hablaba incansable y sabrosamente y poseía la facultad de convencer a quien con él conversaba, de que era dueño de la solución amable e inmediata de todos sus problemas. Tal era mi inolvidable Isaac Tafur, compañero de viaje a Caracas, quien, al subir al avión, después de una hora de espera y de haberlo conocido, me llamaba ya "nuestro perilustre diplomático lusitano", mezclándose en ese posesivo plural en vaya a saber qué picarescas y complicadas historias. Para mayor abundamiento, había pasado dos años en Lisboa como diplomático de su país —una ausencia remunerada, exigida por el cariz escandaloso de algunas de sus "operaciones"— y guardaba de mi patria los mejores y más inesperados recuerdos. Fácil es imaginarse el momento que pasé en el avión, cuando, con su voz potente me relató su visita a un burdel lisboeta habitado por enanas con el labio superior adornado de gruesos pelos como cerdas de cepillo. En las tres horas que duró el viaje nuestra amistad se consolidó notablemente y cuando anunciaron la proximidad de Maiquetía y nos abrochamos los cinturones de seguridad, ya nos tratábamos de tú y habíamos intercambiado recetas para las naturales dolencias y molestas insuficiencias de quienes entraban a los cincuenta años tras una vida algo más que agitada.

Descendimos del avión. A los colombianos les esperaba el personal de su embajada y a mí un sueco y un pakistano que me servirían de secretarios. Cuando nos entregaban los equipajes y me despedía de mi amigo Isaac Tafur, con la promesa de vernos con toda la frecuencia que nos permitiera el ajetreo de la Conferencia, se acercaron tres gigantescos mestizos con uniforme de la policía y altas gorras al estilo de los ss y le dijeron unas palabras al oído. Sin inmutarse, Isaac se despidió de mí y siguió a los gendarmes que lo rodearon inmediatamente. Pensé que se trataba de una recepción de rutina, destinada a los periodistas acreditados ante la Conferencia y volví a mis equi-

164

pajes. Al llegar al Hotel Tamanaco, la bomba había estallado. Los colombianos me informaron que habían detenido a Isaac y que era imposible averiguar su paradero. La cosa se complicaba porque Tafur era dueño de un flamante pasaporte diplomático cuya inmunidad había sido violada. Mis amigos no lograban explicarse lo sucedido, pero temían lo peor, dados los tormentosos antecedentes de nuestro jocundo compañero de viaje. Bajamos al bar para saber algo por boca de funcionarios de la Embajada de Colombia y hallamos al primer secretario que, recostado en la barra, miraba a un negro vacío y con el rostro desencajado. "Es un asunto de drogas —nos dijo—, y la cosa es muy grave." De inmediato me di cuenta de la situación en que se hallaba su Embajada. Un pasaporte diplomático, mezclado en un tráfico de estupefacientes, es un problema de esos que pueden arruinar para siempre la más limpia carrera del más gris y eficiente de los primeros secretarios. Además el escándalo era el menos indicado para un país que se sumaba a la cruzada "contra el peligro comunista en nuestro continente". Pasaron las horas y no llegaban noticias de ninguna parte. Las autoridades venezolanas se mostraban herméticas ante cuanta gestión intentara la calurienta imaginación de quienes nos preocupábamos y nos ocupábamos por la suerte de Tafur Abinader. Me fui a dormir pasada la medianoche, dejando a los compatriotas de Isaac en la desolada incertidumbre sobre lo que le hubiera acaecido y lo que a ellos mismos les sobrevendría.

Al día siguiente me despertaron unos discretos golpes en la puerta de mi cuarto. Miré el reloj. Eran las diez de la mañana. "Adelante", dije todavía medio dormido. Entró un carrito con varias botellas de champaña que se helaban en cubos de plata, bandejas con caviar y suntuosas tajadas de *paté de foie* de Estrasburgo. Empujaba tan extraña aparición un silencioso criado que no cerró tras sí la puerta, lo que me indicó que alguien le seguía. En efecto, tras breve pausa, irrumpió mi amigo Isaac con una de sus mejores sonrisas y uno de sus más detestables trajes de acetato. "Mi perilustre diplomático lusitano, vengo a celebrar contigo mi salvación de una larga condena por tráfico de estupefacientes." De todas las sorpresas que me ha deparado la vida, ésta es la que recuerdo como distinguida por los más delirantes elementos de lo absurdo. Después de los efusivos abrazos y de brindar con una champaña que me resbalaba por la garganta con un voluble sabor entre veneno de los Borgia y agua de seltz con lavanda, me senté a escuchar la desopilante historia de Isaac recién salvado de las jaulas.

"Cuando te dejé —comenzó— me llevaron a un Cadillac negro en donde esperaban los detectives. Ya para entonces la recepción me pareció que rebasaba los límites diplomáticos más calurosos. Pregunté a dónde íbamos y uno de los detectives, con voz tranquila y opaca me contestó: 'A la Dirección General de Seguridad. Es un trámite sin importancia. Allá le dirán.' Mencioné, aterrado, mi pasaporte diplomático y mi credencial de periodista acreditado ante la Cancillería venezolana y sonrieron bondadosamente. A partir de ese momento, me di cuenta de que algo grande se me venía encima. Por más que lo examinaba, no encontraba en el archivo de mis "asuntos" nada que pudiera "estallar" en Venezuela. Penetramos a un moderno edificio con aspecto de escuela de MIT de Massachusetts y en un vasto salón blanco me sentaron frente a una pequeña mesa. Allí estuve cerca de un cuarto de hora, sostenido por los pocos ánimos que todavía emanaban de mi curiosidad. Aquéllos se esfumaron y ésta se congeló a la entrada de un joven oficial, vestido con un impecable uniforme de caqui y el breve y huesudo rostro envuelto en una piel delicada semejante a la de los portugueses del sur. Un delgado bigotito negro le prestaba a la cara inexpresiva un rasgo que la mejor de las voluntades hubiera tachado de algo parecido a una sonrisa.

"—¿Señor Isaac Tafur Abinader?

"—Sí, señor.

"—¿Es usted colombiano de nacimiento o naturalizado?

"—De nacimiento como consta en mi pasaporte. —¿Por qué la palabra pasaporte les causaba tan beatífica expresión?

"—¿Tiene usted antecedentes con policías de otros países o con la Interpol?

"—Ninguno, señor oficial, y exijo que un funcionario de mi Embajada esté presente en este interrogatorio cuya causa desconozco por completo. Esto es un atropello. —Si le hubiera hablado en libanés se habría dado más por enterado.

"Siguió uno de los más agotadores, pormenorizados e implacables interrogatorios a que se haya sometido un inocente. No se les escapaba ni el menor detalle de mi vida privada, de mi vida pública y de la vida que a veces hasta yo mismo ignoro que vivo, de tan escondida que la llevo. Lo más inquietante era que ninguna de las preguntas me orientaba hacia la causa de todo el enredo. Habían pasado ya cuatro horas de tortura cuando, tomando una hoja de su escritorio, el oficial me dijo: —'Voy a leer una lista de ciudades. Bajo la gravedad del juramento dígame en cuáles ha estado y en qué fecha'. Comenzó a leer: 'Hong-Kong, Lima, México, Los Ángeles, Valencia, Estambul, Santos, Tokio, Chiclayo, Sidney, Londres, Marsella, Pola, Orán.'

"Con excepción de una fantasía de Julio Verne, la lista no me sugería nada. Le contesté que, fuera de México, Londres y Marsella no había estado en ningún puerto de la lista. El oficial oprimió un botón y entraron al momento dos empleados, uno traía varias carpetas con papeles y otro algo parecido a un botiquín.

"En el colmo ya del terror pensé: '¡Pentotal! ¡De lo que se van a enterar estos tipos!' Los recién llegados tomaron asiento junto al oficial. El que traía los papeles comenzó a hablar con un tono entre de confesor y pregonero asmático: 'Isaac Tafur Abinader, colombiano, de 52 años; a reserva de los resultados que arrojen los Laboratorios de Investigación Criminal de la Dirección General de Seguridad de los Estados Unidos de Venezuela, tengo el deber de informarle que se le sospecha culpable de tráfico de estupefacientes, delito condenado por el artículo 147 del Código Penal con pena mínima de 6 años y máxima de 20, sin derecho a libertad bajo fianza. ¿Tiene usted algo que declarar?

"En mi vida he estado más elocuente y pocas veces he puesto tanto empeño en que se me creyera lo que, excepcionalmente, por esta vez, era la verdad. Mi requisitoria terminó con estas palabras: 'Señores, exijo que en presencia de un abogado libremente designado por mí para defenderme, se me hagan conocer las razones en que se basa una acusación tan grave como injusta. Muéstrenme el más leve indicio, la más pequeña prueba de tamaña monstruosidad como la que se me achaca.'

"El oficial, sin inmutarse, me respondió: 'Las pruebas están en este gabinete. Va usted a verlas', e hizo seña al que lo traía de que abriese el gabinete y me mostrara su contenido. Al reconocer algunos objetos de mi uso muy personal no pude menos, mi querido lusitano, de explotar en una homérica carcajada con la que me liberaba generosamente de la tensión agobiante de las últimas horas. Cuando terminé de reír e iba a explicarlo todo, el impasible oficial de la piel aceitunada me preguntó: '¿Cómo explica usted la presencia en su equipaje de estos guantes de caucho para cirugía y de esta serie de frascos, algunos de los cuales contienen materias pulverizadas muy semejantes a ciertos alcaloides?'

" 'Señores —les contesté poniéndome de pie— a los cincuenta años cualquiera es libre de teñirse las canas como mejor le parezca. Yo lo hago mezclando varias sustancias que fijan la tintura por mucho tiempo y tal operación la hago con guantes de caucho, ¡para no mancharme los dedos!'

"Los tres me miraron como si les hubiera hablado un demente

peligroso y se retiraron apresuradamente. Pasados diez minutos y cuando admiraba desde la ventana la paranoica fantasía de las modernas construcciones caraqueñas, entró un nuevo personaje que mostraba ser un funcionario de mayor rango que los anteriores y quien, deshaciéndose en melosas excusas, me invitó a reunirme con los miembros de la Embajada de Colombia que me esperaban en su oficina. Lo peor, mi querido De Mattos, es que ahora ya es *vox populi* que el turco Isaac peina canas como en las peores novelas del romanticismo danés."

Cuando, mediada la segunda botella de champaña, algo me anunció que era inminente pasar del caviar a una taza de café bien cargado. Mi buen amigo Isaac Tafur seguía bordando la fantasía de sus andanzas por las ciudades que le enumerara el "escriba", como él dio en llamarlo, y en las cuales se proponía establecer y fomentar, ahora sí en serio, la distribución y consumo de estupefacientes.

"Voy a ir de alcaloide en alcaloide hasta la victoria final", vociferaba para escándalo, según supe después, de mis vecinos de cuarto, que pertenecían a la atildada delegación uruguaya.

DOS CONFERENCIAS

Se trata de dos de las conferencias dadas por Álvaro Mutis en la Casa del Lago de la Universidad Nacional Autónoma de México, en 1965, que fueron reproducidas, ese mismo año, en la revista de la UNAM, bajo la dirección de Jaime García Terrés.

LA DESESPERANZA

El conocimiento de un ser es un sentimiento negativo; el sentimiento positivo, la realidad, es la angustia de ser siempre un extraño para la persona a quien amamos. Pero ¿se ama alguna vez?

El tiempo hace desaparecer a veces esta angustia, el tiempo solamente. No se conoce jamás a un ser, pero uno cesa a veces de sentir que lo ignora... Conocer por la inteligencia es la vana tentación de no hacer caso del tiempo.

El verdadero fondo del hombre es la angustia, la conciencia de su propia fatalidad; de allí nacen todos los temores, incluyendo también el de la muerte... pero el opio nos libera de esto y allí está su sentido...

ANDRÉ MALRAUX, *La condición humana*

PARA situar el término dentro de un común denominador a fin de que hablemos de una y la misma cosa, me parece lo mejor establecer un ejemplo, resumir una situación de desesperanza, a mi manera de ver la más clásica, no tanto por ser la primera que en la literatura aparece con todas sus fecundas consecuencias, sino por tener esa simplicidad de trazo, esa parquedad de elementos que la acerca a ciertas tragedias de Sófocles. Me refiero a la aventura y muerte de Axel Heyst en la isla de Samburán, tema de la obra de Joseph Conrad titulada, con amarga clarividencia, *Victoria*.

Alcanzada ya la cuarentena, Heyst se ha hecho cargo de la administración de un yacimiento carbonífero en la isla de Samburán, perdida entre las mil que forman el archipiélago malayo. No alcanzó a intervenir propiamente en la explotación de la mina, pues la compañía propietaria de la misma entró en liquidación en Londres y Amsterdam y Heyst figuraba como gerente en los trópicos, mientras se adelantaban interminables trámites burocráticos.

Hijo de un noble sueco de ideas liberales, había aprendido de su padre ese peligroso juego que consiste en eliminar con la razón aquellos motivos pascalianos que, nacidos del corazón, la mente no conoce.

Con esta semilla adentro, deambuló por el archipiélago durante años, y de isla en isla, de puerto en puerto, fue forjando su rostro a la vez ausente e intenso, su amor a la soledad y una cierta curiosa propensión a la bondadosa justicia, no tanto por razones morales cuanto por algo que pudiéramos llamar "economía de sentimientos". Es tal vez como más fácilmente puede cumplirse ese destino de convivencia con el hombre que, sea en el nivel que fuere, siempre deja una amarga cicatriz, un cierto daño.

Va pues Heyst a recalar a Samburán y allí, en medio de las derruidas instalaciones de lo que fuera la mina de carbón, desembarcan a visitarlo de vez en cuando algunos amigos. Día y noche un volcán lanza al estrellado cielo de los trópicos el rojizo vaho de su erupción. En una de sus raras salidas de la isla, conoce en un hotelucho de otro puerto una muchacha que toca en una de esas lamentables orquestas femeninas que tienen algo de último reducto de una mezquina decencia. Algo ve en la muchacha, una mezcla de feroz fidelidad y de generosa entrega, que lo impulsa a proponerle que lo acompañe a Samburán. Ella acepta y deja tras de sí los celos irritados e irreconciliables de Schomberg, el administrador del hotel. Éste, para vengarse, envía al poco tiempo a Samburán a dos personajes que habían llegado a su hotel en busca de ingenuos que se dejasen timar con los naipes. Insinúa que Heyst esconde una inmensa fortuna. Y allí llegan los dos malhechores, uno de los cuales interesa especialmente por tener a mi juicio una cierta calidad de negativo de la imagen que nos hemos hecho de Heyst. Es quien a sí mismo se llama Míster Jones a secas, un tahúr de nervios helados y maneras finas que mata por cansancio y pasea por el trópico una tuberculosis que lo lleva lentamente a una muerte que él observa con indiferencia y tranquila lucidez. Desde el primer encuentro, Heyst comprende que la partida que va a jugarse es a muerte y trata de poner al margen a la muchacha que se apega a él con la trágica fidelidad de quien acepta y pide compartir hasta el último trozo del destino.

Por una especie de desenlace a lo Hamlet, todos mueren tras una larga noche de fintas y diálogos que, en el caso de Heyst y Míster Jones a secas, se llevan a cabo dentro de la más ordenada urbanidad y las más serenas maneras. Éstos son, en escueto resumen, los hechos sobre los cuales flota, como una presencia siempre evidente, la desesperanza. En efecto, desde el primer momento nos damos cuenta de que Heyst forma parte de esa dolorosa familia de los lúcidos que han desechado la acción, de los que, conociendo hasta sus más remotas y desastrosas consecuencias el resultado de intervenir en los hechos y pasiones de los hombres, se niegan a hacerlo, no se prestan al juego y dejan que el destino o como quiera llamársele, juegue a su antojo bajo el sol implacable o las estrelladas noches sin término de los trópicos. Pero, no hay una pasividad búdica, un renunciamiento ascético a participar en la vida, por parte de los desesperanzados. Heyst ama, trabaja, charla interminablemente con sus amigos y se presta a todas las emboscadas del destino, porque sabe que no es negándose a hacerlo como se evitan los hechos que darán cuenta de su vida; sabe que sólo en la participación lúcida de los mismos puede derivarse algo muy parecido a un sabor de existencia, a una constancia de ser, que hace posible el paso de las horas y los días sin volarse los sesos concienzudamente. De ahí el desconcierto de Míster Jones a secas, al verse frente a Heyst y comprender que se encuentra ante uno de su misma especie que ha escogido el otro extremo de la cuerda. Y que desde allí lo está observando serenamente y trata de descubrir, uno por uno, los tenues hilos que lo han traído hasta Samburán, hilos que comienzan a mover un presente que se precipita constante y vertiginoso y en el cual se advierten las huellas del desastre.

Estamos ya en posibilidad de precisar y ordenar los signos que determinan la desesperanza y los elementos que la componen. Más adelante la veremos aparecer en ciertas zonas y bajo ciertas condiciones en las más diversas y disímiles zonas de la literatura contemporánea.

Primera condición de la desesperanza es la lucidez. Una y otra se complementan, se crean y afirman entre sí. A mayor lucidez mayor desesperanza y a mayor desesperanza mayor posibilidad de ser lúcido. A reserva, desde luego, de que esta lucidez no se aplique ingenuamente en provecho propio e inmediato, porque entonces se rompe la simbiosis, el hombre se engaña y se ilusiona, "espera" algo, y es cuando comienza a andar un oscuro camino de sueños y miserias.

Segunda condición de la desesperanza es su incomunicabilidad. Heyst será siempre para los demás, el Hechizado, el Loco, el Solitario de Samburán. Ni su íntimo amigo Morrison, por quien sabemos toda la historia, comprenderá nunca el secreto mecanismo de su conducta ni la razón soterrada de su destino. La desesperanza se intuye, se vive interiormente y se convierte en materia misma del ser, en sustancia que colora todas las manifestaciones, impulsos y actos de la persona, pero siempre será confundida por los otros con la indiferencia, la enajenación o la simple locura.

Tercera característica del desesperanzado es su soledad. Soledad nacida por una parte de la incomunicación y, por otra, de la imposibilidad por parte de los demás de seguir a quien vive, ama, crea y goza, sin esperanza. Sólo algunas mujeres, por un cierto secreto y agudísimo instinto de la especie, aprenden a proteger y a amar a los desesperanzados. Esta soledad sirve de nuevo para ampliar el campo de la desesperanza, para permitir que en la lenta reflexión del solitario, la lucidez haga su trabajo, penetre cada vez más escondidas zonas, se instale y presida en los más recónditos aposentos.

Cuarta condición de la desesperanza es su estrecha y peculiar relación con la muerte. Si bien lo examinamos, el desesperanzado es, a fin de cuentas, alguien que ha logrado digerir serenamente su propia muerte, cumplir con la rilkeana proposición de escoger y moldear su fin. El desesperanzado no rechaza la muerte; antes bien, detecta sus primeros signos y los va ordenando dentro de una cierta particular secuencia que conviene a una determinada armonía que él conoce desde siempre y que sólo a él le es dado percibir y recrear continuamente.

Por último —y aquí se presenta la ineficacia de la palabra que he escogido para nombrar esta charla— nuestro héroe no está reñido con la esperanza, lo que ésta tiene de breve entusiasmo por el goce inmediato de ciertas probables y efímeras dichas, por el contrario, es así como sostiene —repito— las breves razones para seguir viviendo. Pero lo que define su condición sobre la tierra es el rechazo de toda esperanza más allá de los más breves límites de los sentidos, de las más leves conquistas del espíritu. El desesperanzado no "espera" nada, no consiente en participar en nada que no esté circunscrito a la zona de sus asuntos más entrañables.

Tal vez desesperanza no sea la palabra para nombrar esta situación, en vano he buscado otra y queda al arbitrio de cada uno de ustedes escoger la que mejor se ajuste a las condiciones que acabo de enumerar.

Yo quisiera, antes de pasar revista a una galería de desesperanzados, leer unas páginas de un escritor francés olvidado por muchos años y ahora de nuevo apreciado por una generación que, al parecer, ve más lejos que quienes le dejaron morir con la altanera y mezquina indiferencia de jueces. Indiferencia por lo demás estéril, ya que tuvo como contrapartida la más definitiva y honda desesperanza de que yo tenga noticia. Se trata de Drieu la Rochelle, quien se suicidó en 1945 ante la imposibilidad y la inanidad de explicar nada, de comprender nada, de rescatar nada. Veintitrés años antes, en un libro de juventud titulado *La suite dans les idées* —terrible y justo título a la luz de su fin— escribe el siguiente prólogo, en el que se enumeran con lucidez incuestionable las razones que lo mueven para entrar a la desesperanza. No tengo noticia, con excepción de la *Saison en enfer* de Rimbaud, de un más hermoso acto de fe, de una más absoluta rendición de cuentas. Dice así:

Tan lejos como puedo remontarme en la conciencia de mi vida, encuentro siempre el deseo de ser hombre.

He querido ser soldado, o sacerdote, tanto en el tiempo de la infancia como en el tiempo de la pureza.

Luego, el fuego del sexo comenzó a latir en mis entrañas; hice entonces voto de ser un amante inolvidable. Pero este voto se consumió en una ardiente rectitud: jamás mi mano tomó esa llama para tornarla en contra mía, de tal suerte que salí sin mancha de la adolescencia, y pude renovar mi impulso hacia el heroísmo o la santidad.

Durante un cierto tiempo me parece que a punto estuve de ser un guerrero, un atleta, un poeta.

Pero la mujer no podía ya excluirse de mi ser. Era uno de los estratos vitales que conformaban mi sombra de la que, de tiempo en tiempo, la pasión, gran destasadora, arrancaba de su tronco grandes trozos que blandía, escurriendo savia roja a pleno sol. A esto se mezclaron Dios, la tierra y la sangre; la plegaria, la guerra y el amor. Nací de una prostituta y un soldado, pero un asceta marcó, desde mi más tierna infancia, una imborrable señal de ceniza sobre mi piel.

Sí, recuerdo este deseo de ser hombre, es decir, erguido, fuerte, el que golpea, el que ordena o el que asciende a la hoguera. Sin embargo, y desde entonces, permanezco sentado, el cuerpo lacio, soñando, imaginando y dejando que se pudra —debido a una muy precoz inclinación de mi destino— el germen de toda realización nacida de la fuerza.

Desde mi infancia me alejé de los hombres. Desde mi infancia descuidé mi cuerpo y transformaba el hervor agresivo de mi sangre en dulces brasas que alimentaban el fuego inofensivo de mi cerebro: las puertas del alma daban paso al miedo y a la timidez.

Y ahora, a los treinta años, veo que no soy un hombre, que nunca lo he sido. Al no cumplir mi deseo, he malogrado mi vida.

No soy hombre porque he dejado escapar de mí la fuerza y la destreza. No tengo aptitud para juego alguno ni para ninguna hazaña. Valga como ejemplo que no sé domar un potro, ni salvar un obstáculo, ni dar un salto mortal.

Sin embargo, sé, en lo profundo de mi instinto y a la vez de mi meditación sobre la naturaleza humana, que si el hombre no cuida de su cuerpo, comienza a dejar de serlo.

Y desgarra mi conciencia la certeza de que el hombre no se conserva íntegro en mí.

Y tampoco soy hombre porque no soy un amante. Entre las mujeres he perdido a la que pudo haber sido mía; me lancé sobre el rebaño y gasté mi apetito. He agotado mis riñones y del toro que ayer era, hoy sólo resta el buey que dobla las rodillas para recibir sobre la nuca el golpe del mazo. Y en mis ojos sanguinolentos crece una vegetación ávida de visiones que nubla mi mirada.

Tampoco soy un hombre porque no soy un santo: soy incapaz de soledad y por ende de oración... no he tenido jamás la fuerza de retraerme en Dios.

Tampoco soy hombre porque no soy un poeta. Nunca pude cumplir en mí esta inmovilidad que logra que todos los aromas del mundo refluyan en el limo destilando poco a poco sus esencias en una densa miel hecha de un renunciamiento tajante y atroz.

He tenido miedo en la guerra y he tenido miedo en la paz. No supe esperar una mujer y no me atreví a morir. Yo, que no soy ningún jefe entre los hombres, no me resuelvo a dejarlos. Adiós guerras, revoluciones y vastas soledades.

Hoy sólo puedo detenerme, harapiento, en la esquina de una calle malfamada y cantar esta ronca queja. No he escrito más que lamentos y pesar. Despliego mi flaqueza con perversa obscenidad. Y sin embargo, espero de la exhibición de mis miembros lastimosos y de mis carnes llagadas una limosna de asombro y de admiración. Con astucia transformo en fuerzas mi flaqueza. Ni guerrero, ni sacerdote, ni atleta, ni amante: sin soldados, sin altar, sin músculos, sin mujer me he hecho escriba.

Pero en el orden de los escribas, me encuentro en lo más bajo de la jerarquía. No soy inventor ni de dramas ni de novelas. Encerrado en lo más estrecho de mí mismo, no sé sacar provecho de esos bellos personajes, resplandecientes de la vigorosa vida imaginaria, largamente conquistada en los días del autor, y animados por su propia sangre; personajes que transitan entre los hombres, en sus ciudades, alabados por la muchedumbre como los últimos dioses.

No. Por haber encerrado todo en mi entraña avara y vacilante, soy la caricatura de todo en medio de lo que sólo es podredumbre.

Es la razón por la que el contenido de este libro se asemeja al zurrón de un mendigo. Es un amasijo de desechos desfigurados, en los que perdura un recuerdo irrisorio de todo lo que participa de la diversa fortuna de los hombres: una cabeza de ídolo olvidado, el fragmento de un encaje arrancado en la penumbra al paso de una mujer, un trozo de puñal y una moneda de oro de algún reino desdeñado por los exploradores.

Me entrego en cuerpo y alma a la histeria. Perezoso y las más veces enfangado en una calleja, me yergo de repente, meciendo mi cuerpo mancillado en una lúbrica danza, tal vez porque la silueta de un semejante se desliza por la esquina.

Oh caminante, oh lector, éste es mi último libro. Después de esto no escribiré más que novelas y desapareceré, ya que he comprendido que la última nobleza que me queda estriba en desaparecer. No soy un hombre.

No sé si existan hombres en alguna parte, pero he de escribir grandes fábulas para que entre tú y yo, a la faz del mundo, pueda elevarse, a pesar de todo, la figura del hombre. Que no se diga que el hombre no ha existido.

En fin, he desahogado mi bilis, para ti mis vómitos.

He aquí, en caótico desorden, todo lo que tengo. Varias ideas oscuras manchan un puñado de hojas de papel. No tengo la fuerza para consumir todo esto en el fuego y, de un filtro de brujas hecho de tinta, sangre, corazones de mujeres, sudores de angustia, tesoros, forjar un bello instrumento de metal, elegante y templado para traspasar tu corazón y brillar a la luz del sol.

He aquí las ideas reptantes de la melancolía. He aquí el resplandor de la impotencia. Un furor de amor destruido por la distracción, la repentina languidez y el deseo de largarme de paseo o de dormir.

Si tú supieras de qué ignorancias y de qué trucos se compone un libro. Pero en este libro sin afeites podrás descubrir mi tontería a la vuelta de una frase y mi esterilidad al final de una página.

Amo escribir, amo la belleza, pero por encima de todo amo a las mujeres y a los hombres. Pero para escribir necesito dejarlos un momento, lo cual es demasiado.

Pero apenas estoy con ellos empiezo a aburrirme y termino por creer que yo, el escriba, el mendigo, el inútil, el retórico gandul, este vanidoso sin consecuencia no existe más de lo que tú existes y sin embargo toda nuestra existencia se halla en mí.

Por lo demás, siempre podrás decir que en este fárrago, no te has reconocido.

Un contemporáneo de Drieu y en cierto sentido el hombre que hará pensar más en él a medida que más frecuentemos su obra, sobre todo sus novelas, llevará la desesperanza a los límites más absolutos, la hará el tema constante, la razón última de su obra. Hablo de André Malraux. Mientras no se llega a descubrir la soterrada corriente de desesperanza que atraviesa su obra, no se alcanza el verdadero sentido y el perdurable propósito que la anima. Hay un peligro en la obra novelística de Malraux, peligro en el que han caído, al criticarla, sus detractores comunistas y católicos. Es no encontrar en ella sino un elogio, una recreación de la aventura por la aventura. Nada más lejano al verdadero propósito del autor de *La condición humana*.

Las novelas de Malraux son la más inteligente, la más lúcida autopsia de la desesperanza; como también el más definitivo rechazo de la aventura como tal. El primer síntoma que nos sorprende, que llega a chocarnos en esta obra, es la extrema inteligencia de sus personajes.

177

En una nota al libro que sobre él escribió Gaetán Picón, Malraux, de su puño y letra, transcribe este diálogo con Gide:

"G — No hay imbéciles en sus libros.

"M — Yo no escribo para fastidiarme. Para idiotas, basta la vida.

"G — Es que usted es todavía muy joven."

Descubierto este factor esencial de la lucidez, empezamos a encontrar que el Perken en *La vía real*, Gisors en *La condición humana*, Hernández de *La Esperanza*, Claude y Garine en *Los conquistadores*, son uno y mismo ser que, habiendo alcanzado el cero absoluto, habiéndose desvestido de todo ropaje, de toda máscara posible, maneja los hechos, se deja penetrar por ellos, los ve alejarse, cambiar, tornar con otro nombre sin "esperar" nada de ellos, sin participar en su necio desorden.

Gaetán Picón lo anota con precisión en su libro:

Los primeros héroes de la obra —dice refiriéndose a la novelística de Malraux— no actúan para crear cosa alguna, sino únicamente para combatir, para no aceptar. Si Garine se une a la Revolución es porque ella es menos edificación que ruptura, porque —explica— "sus resultados son lejanos y siempre en transformación".

¿Vivir, actuar, vencer? Nada de eso. Sólo probarse a sí mismo que no ha rechazado la inevitable derrota, así sea en el momento fulgurante de una muerte con las armas en la mano. "Ser muerto —habla Malraux—, desaparecer, poco le importaba; no se sentía unido a sí mismo... Pero sí, aceptar, vivo, la vanidad de su existencia como un cáncer, vivir con esa tibieza de muerte en la mano. ¿Qué era esa necesidad de lo desconocido, esa provisional destrucción de las relaciones entre prisionero y amo, que aquellos que no la conocen llaman aventura, sino su propia defensa contra ésta?

Y a este párrafo comenta Malraux, esta vez de su puño y letra al margen:

Esta palabra —aventura— gozó, hacia 1920, de un gran prestigio en los medios literarios; prestigio al cual se opusieron más tarde la cómica anexión por el comunismo francés de las virtudes burguesas y la seria anexión del orden por el stalinismo.

Es natural que el espíritu revolucionario no se muestre hostil al aventurero cuando éste es un aliado contra un enemigo común, pero sí lo sea cuando el aventurero es un adversario.

El aventurero está evidentemente fuera de la ley; el error está en creer que lo sea únicamente de la ley escrita, de la convención. El aventurero se opone a la sociedad en la medida en que ésta es la forma de

178

la vida, él se opone menos a sus convenciones racionales que a su naturaleza. El triunfo lo mata: Lenin no es un aventurero, tampoco lo es Napoleón. El equívoco tiene origen en Santa Helena. Tampoco lo hubiera sido Lawrence si hubiera aceptado gobernar Egipto (lo cual rechazó; pero sin duda no hubiera rechazado responsabilidad alguna en 1940). De la misma manera como el poeta sustituye la relación de las palabras entre sí, con una nueva relación, el aventurero intenta sustituir la relación de las cosas entre sí —las llamadas "leyes de la vida"— por una relación particular. La aventura comienza con el desarraigo, y a través del mismo el aventurero terminará loco, rey o solitario; la aventura es el realismo de lo feérico. De ahí el peso de Harrar en el mito Rimbaud: se antoja (y en parte debió serlo) *Les illuminations* de su vida. El riesgo no define la aventura; la legión está llena de antiguos aventureros, pero los legionarios sólo son soldados audaces.

Sólo así concebida, puede la aventura ser aceptada por quien ya no *par delicatesse* sino *par lucidité*, ha perdido su vida. Es por eso que en la obra de Malraux la acción toma un aspecto espectral, único e indefinible. Ella sólo toca a sus héroes en la medida en que éstos van usando, al frecuentarla, la vana servidumbre de sus sentidos, la secreta e inútil materia de la vida. Y es por eso también que la muerte le llega con una clara aura de tranquila certeza, sin sorpresa alguna, con la serenidad de quien sabe que también ella está en el juego y que a tiempo que forma parte del mismo, secretamente lo conforma y lo guía.

Vemos cómo los personajes de Malraux cumplen con dos condiciones de los desesperanzados: son lúcidos al grado sumo y como tales aceptan y se relacionan con la muerte. Ahora bien, para hallar las otras tres condiciones, bastaría recorrer dos o tres páginas de cualquiera de sus novelas, y nos saldrá al paso la presencia constante de ese doble fenómeno de soledad e incomunicación que hace de sus personajes un solo ser inconfundible. Ni el compañerismo en la aventura política de *Los conquistadores*, ni la experiencia del sexo cumplida como una intensa y fugaz llama de dicha y de dolor en *La vía real*, ni el sufrimiento físico y el erotismo en *La condición humana*, bastan para arrancar a estos hombres del aislado y fervoroso cúmulo de sus cosas más secretas y esenciales. Y sin embargo, no está ausente la esperanza en ninguna de estas obras, no en vano una de ellas la lleva por título. Es esa dolorosa esperanza de saber que, de rechazo en rechazo, de batalla en batalla y de abrazo en abrazo, podamos confirmar cada vez con mayor certeza y no sin cierta dicha inconfesada, nuestra ninguna misión ni sentido sobre la tierra, como no sea la confirmación, a través del cuerpo, de un cierto existir inapelable, del cual somos conscientes y que nos proporciona, gratuitamente, esa "condición humana" en cuyo examen y exploración ha ganado Malraux la categoría de uno de los pocos, si no el único auténtico clásico de nuestro tiempo.

Hemos citado tres ejemplos de desesperanza, diferentes entre sí en muchos conceptos. La desesperanza en Conrad, con una indudable raíz eslava, expuesta con un acento lírico y una tenue nostalgia romántica, brutal y desgarrada de un lúcido intelectual francés que resolvió matarse antes que seguir fabricando razones maravillosamente lúcidas para encubrir ante los demás su fatal desesperanza y, finalmente, la de un novelista admirable y un pensador riguroso que eleva la desesperanza a categoría absoluta y la explica en los diversos planos de la acción, la revolución, el amor y la muerte.

Hay muchos más ejemplos, desde luego. Hay también la posibilidad —yo diría, la necesidad— de profundizar mucho más sobre el tema. Lo que estoy haciendo aquí es únicamente enunciarlo con evidente desorden, anotar su presencia en algunos ejemplos, a mi parecer los más evidentes y ricos. Pero haría falta que un verdadero profesional de la crítica, alguien que con la disciplina y formación filosóficas que a mí me faltan, se lanzara por el camino de ofrecernos una "Fenomenología de la desesperanza". ¿No es éste un tema apasionante y actual como ninguno? Yo así lo creo. Sería interesante tratar de contestar algunos interrogantes tales como: ¿Hasta qué punto hay desesperanza en la obra de Camus? ¿Por qué no hay desesperanza en Hemingway? ¿Por qué la desesperanza es un fenómeno contemporáneo? ¿Cuáles son los nexos entre el Romanticismo y la desesperanza? ¿En qué proporción es auténtica, es decir, valedera como experiencia, la desesperanza de Ulrich de Musil? ¿Por qué Malcolm Lowry es un clásico de la desesperanza?

Dejo estos interrogantes y los demás que ustedes quieran plantear, para quien con mejores títulos y más aptos instrumentos de los que yo dispongo, desee trabajar en ellos.

Hemos querido dejar de lado así fuera un rápido recorrido en busca de la desesperanza en la poesía. Sería éste un tema para otra ocasión. Lo que sí no podemos pasar por alto es la mención del máximo poeta de la desesperanza, Fernando Pessoa. Basta la lectura de uno cualquiera de sus poemas, para conocer hasta dónde alcanzó su afanoso buceo por las más quietas y oscuras aguas de la desesperanza.

LISBON REVISITED
(1923)

Versión de Francisco Cervantes

No; no quiero nada.
Ya dije que no quiero nada.

¡No me vengan con conclusiones!
La única conclusión es morir.

No me traigan estéticas.
¡No me hablen de moral!
¡No me muestren sistemas completos, ni me enumeren conquistas
de las ciencias (¡De las ciencias, Dios mío, de las ciencias!)
de las ciencias, de las artes, de la civilización moderna!

¿Qué mal les hice yo a todos los dioses?

Si tienen la verdad, ¡guárdensela!

Soy un técnico, pero tengo técnica sólo dentro de la técnica.
Aparte de eso estoy loco, con todo el derecho a estarlo.
¿Lo oyeron? ¡Con todo el derecho a estarlo!

¡No me den lata, por el amor de Dios!

¿Me querían casado, fútil, cotidiano y tributante?
¿Me querían lo contrario de esto, lo contrario de cualquier cosa?
Si fuese otra persona, les haría a todos su voluntad.
¡Así como soy, ténganme paciencia!
¡Váyanse al diablo sin mí
o déjenme que me vaya solo al diablo!
¿Para qué habríamos de irnos juntos?
No se me prendan del brazo.
No me gusta que se me prendan del brazo.
Quiero estar solo.
¡Ya dije que estoy solo!
¡Ah, de manera que querían que sirviera de compañía!

181

¡Oh cielo azul —el mismo de mi infancia—
eterna verdad, vacía y perfecta!
Oh, suave Tajo, ancestral y mudo,
Pequeña verdad donde el cielo se refleja.
Nada me das, nada me quitas, nada eres de lo que yo me sintiera.
(Oh pena, vista de nuevo, Lisboa tan anterior a hoy).

¡Déjenme en paz! No me tardo, que yo nunca me tardo...
¡Y en tanto tardan el Abismo o el Silencio quiero quedarme solo!

Les propongo, finalmente, explorar un poco en lo que podríamos llamar "el meridiano de la desesperanza". ¿Es por casualidad que *Victoria* de Conrad se desarrolla en los trópicos malayos? ¿Lo es también que igual escenario sea el de *La vía real* y *Los Conquistadores* de Malraux? Yo creo que no. Hay, sin lugar a dudas, una relación directa entre la desesperanza y ciertos aspectos del mundo tropical y la forma como el hombre los experimenta. Y tan así es que, adelantándome un momento a lo que nos ocuparemos en breve, como ejemplo admirable, eficaz y que se ajusta con tanta fidelidad como Malraux o Conrad a las condiciones que hemos propuesto para definir y localizar la desesperanza, existe en Suramérica la obra de Gabriel García Márquez, el novelista colombiano que encontró en el húmedo y abrasador clima de Macondo y en la mansa fatalidad que devora a sus gentes, un inagotable motivo de desesperanza.

El trópico, más que un paisaje o un clima determinados, es una experiencia, una vivencia de la que darán testimonio para el resto de nuestra vida no solamente nuestros sentidos, sino también nuestro sistema de razonamiento y nuestra relación con el mundo y las gentes.

Lo primero que sorprende en el trópico es precisamente la falta de lo que comúnmente suele creerse que lo caracteriza: riqueza de colorido, feracidad voraz de la tierra, alegría y entusiasmo de sus gentes. Nada más ajeno al trópico que estos elementos que más pertenecen a lo que suele llamarse en Suramérica la tierra caliente formada en los tibios valles y laderas de los Andes y que nada tienen que ver con el verdadero trópico. Tampoco la selva tiene relación alguna, como no sea puramente geográfica y convencional, con lo que en verdad es el trópico. Una vegetación enana, esqueléticos arbustos y desnudas zarzas, lentos ríos lodosos, vastos esteros grises donde danzan las nubes de mosquitos en soñoliento zig-zag, pueblos devorados por el polvo y la carcoma, gentes famélicas con los grandes ojos abiertos en una interior vigilancia de la marea de la fiebre palúdica que lima y desmorona todo vigor, toda energía posible; vastas noches húmedas señoreadas por todos los insectos que la más loca fantasía no hubiera imaginado, lechosas madrugadas cuando todo acto en el día que nos espera se antoja mezquino, gratuito, imposible, ajeno por entero al torpe veneno que embota la mente y confunde los sentidos en una insípida melaza. Éste más pudiera ser el trópico. La isla de Samburán con su turbia erupción volcánica que todo lo mancilla, la maleza en donde yacen olvidados los grandes dioses que busca Claude en la península malaya y en donde la muerte alcanza a Perken con la voraz gangrena producida por un leve flechazo en una pierna; Hong-Kong, mugroso paraíso de las moscas en donde Garine hace —hay que hacer un énfasis especial en el peso del verbo *hacer* en este caso— la revolución y, Macondo, en donde un viejo coronel de las guerras civiles de Colombia espera en vano, espera con lúcida desesperanza, una carta que él sabe que no llegará nunca, pero cuya constante inminencia permite continuar la vida que hace muchos años perdiera todo posible sentido, toda probable esencia. Tales son los lugares en donde anida, en donde crece como un hongo sabio nacido de complicadas y hondas descomposiciones, la desesperanza. La semilla ha sido puesta mucho antes que estos seres llegaran al trópico, sería ingenuo pensar que ella pueda producirse en tan desolados lugares; la semilla viene de las grandes ciudades, de los usados caminos de una civilización milenaria, de los claustros de las viejas universidades, de los frescos ámbitos de las catedrales góticas, o de las empedradas y discretas calles de las capitales de la antigua colonia, en donde los generales con alma de notarios y los notarios enfermos del mal del siglo forjan interminables y retóricas guerras civiles. Pero es en el trópico en donde la desesperanza logra la más pura, la más rica, la más absoluta expresión de su desolada materia.

Me refería antes a la novela de García Márquez *El Coronel no tiene quien le escriba*, como otro de los modelos de la desesperanza. Yo creo que sobre este libro tendrán que volver cada día con mayor atención y frecuencia los críticos, porque en sus breves y escuetas páginas se desarrolla, otra vez con una limpidez clásica, la elemental y siempre renovada tragedia de un hombre con sus fantasmas más singulares y antiguos. Decíamos que el coronel no tiene en Macondo razón alguna que le sostenga para seguir viviendo distinta de esa carta que él sabe que no vendrá nunca, pero que le proporciona una rutina de actos simples, casi ceremoniales, en los que usa el tiempo con la desesperada avidez de los desesperanzados. Tiene también un gallo de pelea con el cual dice esperar grandes ganancias. Se engaña quien pueda pensar que el animal tiene importancia alguna para el coronel. El gallo es un viejo símbolo para burlar a su asmática esposa anémica de hambre y de furia. Cada vez que habla del gallo, cada vez que sacrifica por él algunos mendrugos, adivinamos la sonrisa hierática del viejo luchador de las guerras civiles, sepultado en el polvoso e interminable verano de Macondo, el pueblito que "mana hacia el río como un absceso" al igual que la ciudad de Crusoe. Si alguna vez un especialista avisado encuentra que esta búsqueda de la desesperanza en la literatura de los últimos cincuenta años vale la pena, y resuelve hacer una Antología de la Desesperanza, en ella deberá aparecer, junto a las páginas en donde Malraux relata la muerte de Perken o los diálogos de Gisors con Ferral, las dos últimas de la novela de García Márquez que rematan con la fecal exclamación escueta en donde se resumen, humildemente, las más altas conquistas de la desesperanza.

(Febrero, 1965)

¿QUIÉN ES BARNABOOTH?

VAMOS a evocar esta tarde* la figura, hoy casi por completo olvidada, del rico *amateur*, del multimillonario peruano, hijo de americano y australiana, A. O. Barnabooth. Nos ocuparemos también de sus obras: un cuento corto con mucho de fábula moral y un breve número de poemas. Las circunstancias de la aparición en el mundo de las letras del personaje, la razón de su existencia, pertenecen tan por entero al mundo particular de las preferencias, al marco de la vida de su autor y artífice, que ambas se mezclan y confunden en muchos puntos, cuando no van paralelas por larguísimos trechos. No faltan antecedentes de este fenómeno en la historia de las letras: todo lo que de Hamlet tenía "el viejo Will", lo quijotesco de don Miguel de Cervantes, la identidad de Julián Sorel con Henry Beyle, el Lucien de Rubempré que escondió siempre en su obesa humanidad el sufrido Balzac, todo lo que de Wolkonski había en Tolstoi y la sorprendente mas harto comprensible aclaración flaubertiana sobre aquello de "Madame Bovary soy yo". Los ejemplos podrían multiplicarse en inmenso número, tantos como obras perdurables tiene la literatura universal. Pues bien, la identidad existente entre A. O. Barnabooth, el rico *amateur* y Valéry Larbaud, el amable erudito y hombre de letras por excelencia, heredero de ricos manantiales y vastos hoteles en Vichy y dueño de una gran fortuna, esta identidad sólo deja de existir cuando el personaje cumple con ciertos dictados del destino que le es imposible atender al autor. Y esto es natural si se tiene en cuenta la ilimitada libertad de que gozaba Barnabooth en manos de quien tuvo tan poca en la infancia y casi ninguna en los sombríos años en que la parálisis lo dejara inmóvil y mudo hasta el día de su muerte.

Hablemos un poco de Larbaud, de Valéry Larbaud —siempre con la mente puesta en Barnabooth— que cuando lo hagamos con éste será en Larbaud en quien tengamos que pensar.

Descendiente de una severa familia protestante del bourbonais, Larbaud vive su niñez y su infancia bajo el dominio implacable de la voluntad materna. De niño viaja a España, aprende el español hasta escribirlo correctamente —más tarde, autor famoso, publicará en *La*

* Segunda conferencia dictada en la Casa del Lago de la Universidad Nacional Autónoma de México..

Nación, de Buenos Aires, largos artículos escritos en un castellano fluido y eficaz—, en otras vacaciones viaja a Italia —un nuevo idioma se suma a su acervo lingüístico que cuenta ya también con el inglés—, una buena parte de su *Diario íntimo* lo escribirá en este idioma. Visita Alemania. Vive largas temporadas en Suiza. Conoce la tranquila modorra de los grandes Palaces, el ocio lujoso de los hoteles con liftier de librea y cuyos amplios comedores con mucho de invernadero y profusa escultura en yeso fin de siglo, se llenan a las horas de comida de parejas de distraídos ingleses con anteojos de armadura de oro y manos temblorosas; de prusianos de mirada intensa y hábitos precisos y de sudamericanos de voz lenta y cabellos oscuros impecablemente peinados, que gastan las inmensas fortunas de las chacras de las pampas, de las salitreras chilenas, del guano del Perú y del café de Colombia.

Una salud endeble lo libra del colegio y su educación corre por cuenta de institutores que lo preparan en su casa durante las largas convalecencias. Llega la época del colegio y es internado en el de Sainte-Barbe des Champs, allí descubre dos elementos que serán fundamentales en su formación: el cosmopolitismo de un colegio en donde estudiaban hijos de ricos armadores ingleses, de industriales de Pittsburgh, jóvenes suramericanos multimillonarios y los hijos de los maharajás indúes que buscaban en Francia un barniz occidental que molestaría particularmente a los amos ingleses: este cosmopolitismo será un rasgo definitivo y definitorio de la obra larbaudiana. El otro elemento es la religión católica, que atrae poderosamente a este hijo de severos protestantes y que muy pronto abrazará cuando llegue a la mayor edad. Estudiante modelo, sus estudios progresan y se amplían y como premio de su esfuerzo en las vacaciones le esperan nuevos viajes. He aquí algunos de sus itinerarios que luego serán los mismos, o casi, de Barnabooth: en 1898, a los 17 años: Burdeos, San Sebastián, Burgos, El Escorial, Madrid, Toledo, Córdoba, Sevilla, Ronda, Algeciras, Gibraltar, Tánger, y de regreso por Granada, Zaragoza y Barcelona. Al año siguiente, en compañía de su mentor monsieur Voldoir —que luego será el Jean Martin de Barnabooth— visita Lieja, Colonia, Berlín, San Petersburgo, Cronstadt y Moscú. En 1900, luego de purgar en su tierra natal de Valvois un fracaso en el Liceo Louis le Grand, va a París a presentar sus exámenes para el bachillerato, fracasa también y se consuela con un viaje a Italia: Génova, Pisa, Roma, Nápoles, Florencia, Bolonia, Rímini, San Marino, Venecia, El Lido, Milán y Turín.

Tras dolorosas crisis interiores logra independizarse de su familia y consigue el manejo autónomo de su fortuna. Hace varios viajes a Inglaterra en donde vive largas temporadas. Comienza a hacerse conocer en las letras e inicia esa incansable labor de traductor y descubridor de valores extranjeros desconocidos o mal difundidos en Francia. En mengua de su propia obra de creador originalísimo, se ocupará por años en traducir al francés la obra completa de Samuel Butler, de hacer conocer a Ramón Gómez de la Serna, Gabriel Miró, Walt Whitman, José Asunción Silva, Mariano Azuela, Gerard Manley Hopkins, James Joyce, Ricardo Güiraldes, Alfonso Reyes y muchos más. Dos tomos de su obra están consagrados a revaluar o descubrir nuevos nombres, el título que comparten es bastante larbaudiano: *Ese vicio impune, la lectura,* un tomo se subtitula *Dominio francés* y el otro *Dominio inglés.* El material de un *Dominio ibérico* quedó desparramado en otros libros. Asombra hoy día contemplar ese gigantesco trabajo, que le dejó tiempo todavía para seguir viajando, leer sus clásicos latinos preferidos, reunir la colección más completa que se conoce de soldaditos de plomo y ocuparse largamente de esos países minúsculos de Europa que tanto le atraían. San Marino, Andorra, Lichtenstein, Montenegro. En agosto de 1935, cae fulminado en el jardín de su casa por una congestión cerebral que lo priva de la palabra y del movimiento. Durante 22 años arrastrará una existencia casi vegetal, con pequeños intervalos de alguna lucidez, hasta morir tranquilamente en 1957, en medio de una Europa, de un mundo que se había esmerado en destruir torpemente todo lo que fuera para Valéry Larbaud la única razón de existir: el culto sereno y agudo de la belleza, el respeto a la persona como individuo y como misterio insondable, el confort de los grandes expresos, un cordial humanismo paneuropeo y un perpetuo homenaje sin medida hacia las mujeres hermosas o dignas de serlo.

He querido pasar fugaz y sucintamente por esta vida llena de esencias y de riqueza cordial, precisamente para dejar que sea A. O. Barnaboot quien nos diga, a través de esa pudorosa tercera persona que son los personajes, cómo pensaba, cómo vivía o hubiera querido vivir y cuáles fueran las pasiones confesadas y secretas de Valéry Larbaud.

Hagamos primero una breve incursión bibliográfica a fin de podernos escapar luego tranquilamente por el mundo y los días del que llamara una picante muchacha de su fantasía: *Cet imbécile de Barnabousse.*

Cuando en 1908 hace Barnabooth su entrada en el mundo literario, Valéry Larbaud traía consigo la efigie desde hacía muchos años. Una idea vaga del personaje parece que nació en los tiempos de su infancia con la lectura del libro de Louis Boussenard *El secreto del Señor Síntesis*, cuyo personaje principal es un hombre tan rico que puede de un día para otro comprar toda "la propiedad raíz del globo". Valéry Larbaud leyó este libro cuando tenía nueve años y le llamó la atención el poder ilimitado del personaje. Igual sensación de sorpresa iba a tener a los quince años con la lectura de *La historia romana* de Victor Duruy, al descubrir la vasta omnipotencia de los jóvenes emperadores de la decadencia cuya extrema juventud disponía ya de un poder absoluto.

Por los mismos años un asunto aparecido en los periódicos vino a contribuir a la cristalización de sus reflexiones sobre el destino de ciertos seres al parecer privilegiados. El hijo de un petrolero multimillonario, Max Lebaudy, por no haber sido tratado a tiempo y dispensado del servicio militar, muere a los 23 años en el cuartel. El destino lamentable de este adolescente, víctima de su inmensa fortuna —la opinión de entonces hubiera tachado de favoritismo y corrupción cualquier esfuerzo por librarlo del servicio— impresionó vivamente a Larbaud, quien inclusive pensó en dedicar un poema al asunto.

Un viaje a Londres hecho por Larbaud en 1902, en compañía de un amigo que acababa de heredar varios millones, viene a madurar por completo el personaje. Es entonces cuando Barnabooth adquiere presencia definitiva en el espíritu de este precoz turista de 18 años. El nombre del personaje resulta de combinar el de una localidad cercana a Londres, Barnes, y de la marca Booth que distingue un consorcio farmacéutico ampliamente difundido en Inglaterra. Larbaud comenzó entonces a escribir sus *Charlas de sobremesa y anécdotas de A. O. Barnabooth*, texto del que casi nada permanecerá en las publicaciones posteriores y que corresponde más bien a un primer bosquejo necesario para la elaboración de un personaje definitivo. También en 1902 escribe un cuento que titula *El pobre camisero*, especie de parodia modernizada de los cuentos morales del siglo XVIII, en donde se fija ya la personalidad de Barnabooth. De 1902 a 1908, al abrigo de su gira por Europa entera y de sus largas estadas en el extranjero, Valéry Larbaud madura casi todos los materiales que le servirán para componer la *Biografía*, el *Diario* y los *Poemas de Barnabooth*.

El 4 de julio de 1908 aparece, en una edición privada de cien ejemplares, un volumen en el que Larbaud reúne las que llama "obras francesas del señor Barnabooth" y que son *El pobre camisero* y los *Poemas*. A estos textos les precede una *Vida de Barnabooth* atribuida a X. M. Tournier de Zamble. En este libro no aparece nombre alguno de otro autor. La biografía utiliza los borradores antiguos a los que aludimos antes y en ella Barnabooth aparece como un "encantador joven de 24 años, de talla pequeña, vestido siempre con la mayor sencillez, delgado, de cabellos tirando a rojos, ojos azules, piel blanca y que no lleva ni barba ni bigote". Había nacido, dice Tournier de Zamble, en América del Sur en 1883 y adquirido la ciudadanía norteamericana en el Estado de Nueva York. Larbaud mismo nació en 1881 y si la vida novelesca de Barnabooth no presenta ninguna analogía con la suya, no puede decirse lo mismo del carácter de este joven millonario igualmente apasionado por el arte, la literatura, los viajes y las mujeres. Barnabooth, citado por Tournier de Zamble, declara: ..."Yo tengo todas las virtudes con excepción de la hipocresía"... "Soy un patriota cosmopolita"... "Es lástima para un poeta francés como yo el no saber francés. Bien sé que no soy el único, pero eso en nada me consuela"... Este humor cercano al cinismo es un trasunto, amplificado, del espíritu irónico de Larbaud. En cuanto a los poetas preferidos por Barnabooth son los mismos que prefiere Valéry Larbaud: entre los extranjeros Walt Whitman, José Asunción Silva, James Withcombe Riley, Hugo von Hoffmansthal, y entre los franceses Rimbaud, Viéle-Griffin, Henri de Regnier, Francis Jammes, Claudel y Maeterlinck.

Los poemas de un rico amateur, como se titulan en esta primera edición, son en número de cincuenta y están divididos en dos partes: los Borborigmos y Ievropa. Representan el resultado de las búsquedas de Larbaud hacia su intento de dar a conocer una obra que no sea una verdadera confidencia y que le permita crear un tipo de poeta exterior a sí mismo, por intermedio del cual expresará sus estados de alma permanentes, algunas de sus reacciones de viajero mezcladas con sentimientos e impresiones de su invención. El hombre de letras cosmopolita que escribe en francés, utiliza una manera prosódica harto libre y no teme mostrarse como discípulo entusiasta de Whitman y de Wordsworth, así como de Rimbaud, de Corbière, de Laforgue y también de Ronsard.

La crítica recibe el libro con entusiasmo. Gide anota en su diario: "Divertidos estos poemas de Valéry Larbaud. Leyéndolos he comprendido que en mis *Alimentos terrestres* hubiera debido ser más cínico." Hablando de Valéry Larbaud, Phillippe decía a Ruyters: "Siempre es un placer leer a alguien junto al cual Gide parece pobre." En la *Nouvelle Revue Francaise* Gide hace el elogio del libro y critica la biografía por encontrarla un poco larga y sin embargo insuficiente.

Esta biografía desaparecerá en la siguiente edición y será reemplazada por un *Diario* que Valéry Larbaud compone entre 1908 y 1913. Es ese año cuando aparece la nueva edición y esta vez la definitiva bajo el signo de la NRF y con título de *A. O. Barnabooth*. Sus obras completas, o sea un cuento, sus poemas y su *Diario íntimo*. Para seguir fiel con la ficción en el libro anterior, Valéry Larbaud se hace aparecer en éste como ejecutor testamentario de Barnabooth. Convención inútil por lo demás.

Barnabooth surge en este diario más humano, menos obviamente excéntrico. Sus poesías han sido sometidas a un poda riguroso. Quedan reducidas a quince y muchas de ellas aparecen generosamente recortadas.

Hasta aquí la que pudiéramos llamar ubicación bibliográfica del personaje.

Ahora, para transitar por su vida y por los meandros complicados y a veces oscuros de su carácter, ningún guía más indicado que su propia obra. En ella hay un poema, a mi modo de ver el más eficaz en cuanto a la manifestación de sus principales claves. Se titula "Europa" —en la primera edición el título había sido eslavizado como *Ievropa*— y tras una graciosa dedicatoria a su biógrafo Xavier Maxence Tournier de Zamble, Barnabooth describe cómo desde el trasatlántico que se aproxima al continente descubre el primer faro, girando como un demente:

Gira su cabeza flamígera en la noche, derviche gigante,
y en su vértigo de luz
ilumina los caminos del campo, los setos de flores,
la cabaña,
el retardado ciclista, el coche del médico por las landas,
y los abismos desiertos que cruza el paquebote.
He visto el fuego girante y he callado.
Mañana al desayuno las gentes del salón, subiendo al puente
exclamarán con entusiasmo "Tierra"
y se extasiarán tras sus binóculos.
Europa ¡entonces eres tú! Yo te sorprendo en la noche
vuelvo a encontraros en vuestros lechos perfumados.
¡Oh mis amores!
He visto la primera y la más avanzada de todas tus luces.
Allá, en esa breve esquina de la tierra
roída toda por el océano que abraza islas inmensas,
en los millares de repliegues de sus abismos incógnitos,
allá están las naciones civilizadas,

con sus enormes capitales, brillando en la noche
hasta teñir el cielo de un color rosa,
aún sobre los jardines en sombra.
Los suburbios se prolongan hacia las ralas praderas,
los faroles alumbran las rutas que parten de la ciudad;
los trenes iluminados se deslizan sobre sus rieles;
los vagones restaurantes están llenos de gente a la mesa;
los coches esperan en oscuras hileras
la salida de los teatros, cuyas blancas fachadas se yerguen
bajo la luz eléctrica que silba en la lechosa
incandescencia de los bombillos.
Las ciudades manchan la noche como constelaciones.
Las hay en las cimas de las montañas,
en el nacimiento de los ríos, en medio de las llanuras,
y en las aguas mismas en donde reflejan sus fuegos rojos...
"¡Mañana todos los almacenes estarán abiertos, alma mía!"

Europa ¡tú satisfaces esos ilimitados apetitos
del saber, y los apetitos de la carne,
y los del vientre y los apetitos indecibles
y más que imperiales de los poetas,
y todo el orgullo del infierno!
(me he preguntado a menudo si no serías tú uno de los escalones,
un cantón adyacente al infierno).
¡Oh musa mía!, hija de las grandes capitales, tú reconoces tus ritmos
en el ronroneo incesante de las calles interminables.
Ven, quitémonos nuestros trajes de noche y vistamos,
yo este usado abrigo y tú un traje de lana,
y mezclémonos con el pueblo que ignoramos.
¡Vamos a los bailes de los estudiantes y las modistillas!
¡Vamos a encanallarnos al Café-concert!

Esta nostálgica evocación de Europa y de los lugares que alberga amorosa la memoria del rico *amateur*, junto con otras que veremos más adelante, nos revelan algunos de los más secretos resortes de Barnabooth. Se trata evidentemente de un americano, un americano que lleva en sí todas las sangres y la carga de todos los paisajes del nuevo continente: su padre era oriundo de Oswego, en un Estado de la Unión Americana, su madre una bailarina australiana con la que casó en Chile el viejo Tycoon. Barnabooth nació en Campamento, cerca de Arequipa, en donde tenía su padre inmensos depósitos de minerales. De joven recibió esa educación tan característicamente americana en la que las humanidades enseñadas por preceptores traídos de Europa se combinan con la vida dura de la cordillera, el llano o la pampa y la fraternidad democrática con los peones y caporales. Europa será siempre para estos ricos herederos de América, que traen los sentidos despiertos y aguzados hasta el dolor, un denso y apacible recinto cargado de luces, de confort, en donde la belleza se acumula metro a metro, a diferencia de las vastas extensiones americanas vacías, solitarias y, a la larga, tóxicas en su poder de disolver en el agua gris de sus grandes cielos los más sólidos puntales de la persona. Todo en Europa está a la mano, desde una catedral gótica hasta una finísima encuadernación en piel, desde un ávido lector de Teócrito, hasta la *poule de luxe* que conoce a fondo los impresionistas y los mejores vinos. Esta Europa que a la gran masa de sus habitantes le es algo natural, vedado a menudo en sus más refinados placeres, es gozada en toda su inmensa y capitosa esencia por estos americanos del sur y del norte que la invaden a fines de siglo. Entiéndase, de paso, que no hay referencia posible en todo esto a los días actuales, hablamos de un pasado hace tiempo enterrado, de un pasado que sepultó sus últimos testigos en el barro del Marne y entregó sus entrañas a la metralla de Verdún. No hay paralelo posible, ni comparación que valga con los días que siguieron.

Decíamos que Barnabooth ve a Europa como un extranjero que la ha hecho suya ("vuelvo a encontraros en vuestros lechos perfumados. ¡Oh mis amores!") hasta conocerla como no pueden hacerlo ya sus cansados habitantes confundidos entre un lumpen-proletariat que crece y muere de hambre y una burguesía desaforada que no encuentra salida ni razón a su existencia. Hay en Barnabooth otro rasgo enteramente americano; definitivamente criollo, su debilidad por los objetos de lujo, su sensibilidad desaforada por lo muelle, por lo probado por los siglos, por los lados, por la luz tamizada ya sea de Londres o Florencia, un aferrarse a las cosas como tablas de salvación de la memoria, como faros que luchan contra la oscura invasión de la tumba. Las cosas se convierten en testigos permanentes de un pasar de los demás, que saben guardar un cierto aroma peculiar, un determinado juego de luces que los hace memorables. Pero este que pudiéramos llamar fetichismo estético, no tiene límites y cuando se tiene el poder ilimitado de un Barnabooth que todo puede comprar y hacer suyo, que tiene su vagón de lujo uncido a los grandes expresos europeos, se llega entonces a encontrar en las cosas que nos sirven, esas secretas voces que los europeos de otros tiempos escucharon en la

armonía de la piedra, en el ritmo mesurado y desvaído de un paisaje
o en la palabra escondida con sabiduría milenaria; es por eso que
Barnabooth puede escribir esta oda a los trenes de lujo:

Préstame tu fuerte ruido, tu viva marcha tan suave,
tu deslizamiento nocturno a través de Europa iluminada,
¡oh tren de lujo! y la angustiosa música
que zumba a lo largo de tus pasillos de cuero dorado,
mientras detrás de las puertas laqueadas, con picaportes
de macizo cobre, duermen los millonarios.
Recorro canturreando tus pasillos
y sigo tu carrera hacia Viena y Budapest,
mezclando mi voz a tus cien mil voces,
¡oh Harmonika-Zug!
Por primera vez sentí toda la dulzura de vivir
en una cabina del Nord-Express, entre Wirballen y Pskow.
Nos deslizábamos a través de praderas donde pastores
al pie de grupos de grandes árboles, semejantes a colinas,
estaban vestidos con pieles de corderos saladas y sin curtir...
(Las ocho de la mañana en otoño, y en la cabina de al lado
cantaba la hermosa cantante de ojos violeta.)
Y vosotros, anchos ventanales, a través de los cuales vi pasar
Siberia y los montes del Samnium,
Castilla áspera y sin flores y el mar de Mármara bajo una lluvia tibia,
prestadme, oh Orient-Express, Sud-Brenner-Bahn, prestadme
vuestros maravillosos ruidos en sordina y
vuestras vibrantes voces de prima de violín;
prestadme la respiración ligera y fácil
de las locomotoras altas y esbeltas con movimientos
tan fáciles, las locomotoras de los rápidos,
que preceden sin esfuerzo a cuatro coches amarillos,
con letras de oro,
en las soledades montañosas de Serbia
y, más lejos, a través de Bulgaria llena de rosas.

¡Ah! es necesario que esos ruidos y ese movimiento
entren en mis poemas y digan
para mi vida indecible, mi vida
de niño que no quiere saber nada,
sino esperar eternamente cosas vagas.

Barnabooth lleva a Europa, además, otra noción absoluta y por entero nueva para los europeos: su conducta democrática, semejante en mucho a la de los antiguos griegos, esa noción whitmaniana de fraternidad que le permite alternar con la más exclusiva nobleza serbia o prusiana con una naturalidad y un señorío que esta clase va perdiendo, a tiempo que comparte sus placeres con el pueblo y aprende a vivir en su entraña con la misma espontánea sencillez. Un día —y esta anécdota pertenece al primer borrador de Barnabooth— un actor en desgracia acude a él diciéndole: "Yo soy un artista." "Y yo —contesta Barnabooth—, yo soy un burgués.", y ordena que le pongan en la puerta. Otro día le pregunta a la sobrina del administrador y curador de sus bienes, una bella rubia de 16 años: "¿Eres honesta?" "¡Señor, por favor!" —contesta la muchacha—. "Hacemos Hamlet, ¿no lo ves, pequeña?", responde el millonario riendo y agrega: "No quiero las mujeres honestas, sólo los hijos de... valen algo." Es por eso que no hay esnobismo cuando Barnabooth frecuenta príncipes, ya que para él sólo interesan como seres, desde luego dueños de un poder y de una educación que le atraen por su propia virtud y no porque estén unidos al prestigio de un nombre. De la misma manera cuando trata burgueses o gentes humildes va con ellos al grano, sin afectada sencillez y sin condescendencia. Pero no debe confundirse jamás este aspecto democrático en la relación personal con el que cunde y se desprestigia hoy miserablemente en la política. Barnabooth es democrático cada vez que entra en contacto con otro ser. Cuando se trata de la multitud, de la opinión pública, del bienestar de la mayoría, Barnabooth, un buen americano nacido cerca del Ecuador, evita de inmediato a la bestia de mil cabezas, la teme y la desprecia y se convierte es el más aislado y aristocrático de los solitarios.

Otro aspecto enteramente americano de Barnabooth es su desmesurado sentido del espacio, su conocimiento, dominio y provecho de las grandes extensiones. Recorrer en su vagón de lujo unido al Orient-Express el camino de Estambul hasta Estocolmo, viajar en su yate desde Valparaíso hasta Cádiz o desde Koebenhavn hasta Bangkok, no es para él el periplo desmesurado y novelesco que sería para cualquier europeo, sino un viaje más para calmar sus nervios, olvidar una irascible amante toscana o devolver la visita de un amigo. No olvidemos que el gaucho que viaja desde el interior de la pampa hasta Buenos Aires, o el sembrador de Matto Grosso que va hasta Río, o el llanero que viaja hasta Caracas o Bogotá, o el businessman que va de San Francisco a Chicago, recorren un espacio en el que caben tres o cuatro países de Europa. En otro fragmento del poema "Europa" el millonario peruano rumia sus itinerarios:

> *En Colombia o en Nagasaki yo leo los Baedekers*
> *de España y Portugal o del Imperio Austro-Húngaro*

Y más adelante:

> *Y vosotros puertos de Istria y de Croacia*
> *costas dálmatas en verde, gris y blanco puro...*

Sólo los grandes espacios pueden apaciguar algo la sangre contradictoria y las noches de insomnio de este "buscador de lo absoluto", que hurga en Europa como quien busca de prisa, en un cofre que guarda los antifaces de una fiesta olvidada, aquel que va a cubrirle esa parte del rostro por donde se le están revelando los lentos desgarramientos interiores que nunca le permitirán paz ni sosiego.

Y es que hasta aquí hemos evocado únicamente algunos atributos exteriores, los más evidentes y los que forman la armadura circunstancial del personaje y a los que él mismo alude cuando se ofrece como esposo a la muchacha inglesa que bailaba en el Savonarola y llevaba una vida algo más que escandalosa: "Mi nombre es Archibaldo Orson Barnabooth, de Campamento; tengo veintitrés años y una renta anual de cerca de diez millones ochocientas sesenta mil libras esterlinas. Mi familia, originaria de Suecia, se estableció a principios del siglo XVIII a orillas del Hudson. Mi padre, aún joven, emigró a California, luego a Cuba y finalmente a Sur América, en donde hizo fortuna. Soy huérfano, sin hermano ni hermana, absolutamente libre de vivir donde y como quiera. Gozo, por lo tanto, de amplios medios de vida, de una absoluta independencia y pertenezco a una familia honorable..." Sobre tan escuetos datos Larbaud ofrece la historia de un hombre. Hubiera sido un pasatiempo literario muy ingenuo para tan avisado conocedor como él dejar a la fantasía tejer sobre las posibilidades de la inmensa fortuna de Barnabooth y el cruce pintoresco de sangres y paisajes que chocaba en sus venas. La otra cara, el hondo pozo sin esperanza por el que se precipitan los días del hombre, se nos revela desde las primeras páginas del diario del rico *amateur*. Ha llegado a Florencia desde Berlín. "Estoy hace cuatro horas —anota en la primera página— en esta curiosa ciudad americana, construida en el estilo del Renacimiento italiano y en donde hay demasiados alemanes." Barnabooth acaba de vender todas sus propiedades, incluido su yate, sus automóviles, sus villas. A los 23 años desea ya ser eso que con tanta intención llama "un hombre libre" y su inmensa fortuna es el primer obstáculo que se le presenta para lograrlo. En Inglaterra ha vendido sus caballerizas y lo esperan en vano, en las verdes praderas de Warwick sus compañeros de polo, los Santa Pau, Pablo Barnero, Ladislao Sáenz, José María O'Rourke, los Peña-Tarrat. Barnabooth ha roto con su pasado de suramericano multimillonario y mundano y está tratando de cumplir con la experiencia de ser un hombre, desasido del asfixiante tejido de compromisos en que lo tuviera preso su clase, su civilización y su juventud. Y a medida que avanza el diario vamos asistiendo a este encuentro del joven peruano con su propia y temprana madurez. Poco a poco nos vamos dando cuenta de que Barnabooth "ya sabe". Ya sabe que las grandes pasiones desembocan y se esfuman en ese usado y variable instrumento que es el hombre; ya sabe que detrás de toda empresa al parecer perdurable, de toda obra nacida del hombre, está el tiempo que trabaja tenaz para llevarlo todo al único verdadero paraíso posible, el olvido; sabe que nunca podrá comunicarse con otro ser, ni esperar de persona alguna esa compañía que tanto anhela, porque cada uno lleva consigo su propia, incompartible y turbulenta carga de sueños. Barnabooth ya sabe todo esto y cuando accede al diálogo lo sostiene a sabiendas de que es un juego con cartas marcadas, en el que cada uno juega su propio juego sin querer ni poder parar mientes en el de su contrario.

Entonces el *Diario* es simplemente el testimonio de cómo, a medida que ese conocimiento de Barnabooth va haciéndose más sólido y va penetrando zonas más profundas de su conciencia, en igual medida va él desligándose del placer superficial y exquisito de gozar esa Europa que se precipita hacia Sarajevo con sus complicados juegos mundanos y sus grandes expresos de lujo. Oigámoslo increpar al viejo continente:

Yo soy un colonial. Europa nada quiere conmigo, nunca seré en ella otra cosa que un turista. Tal es el secreto de mis iras. Porque todavía hay en Europa países en donde la riqueza, que es una fuerza respetable, es respetada, y en donde los empleados de las tiendas en plan de estetas y de ruskinismo, no se befan aún de los ricos. Tenemos nuestra antigua casa, con su humilde fachada blanca dividida en cuadros por las viejas vigas oscuras: Inglaterra. Y existe la santa España de grandes iglesias doradas. Y a ellas venimos, nosotros los coloniales, como si el descubrimiento hubiera ocurrido hace unos días. Venimos plenos de recuerdos de las guerras indígenas, de la llegada de los padres peregrinos, del desembarco de Villegagnon en la bahía de Río y de los 'Old Thirteen". Todo esto ayer.

¡Ah!, sentarse a la mesa de gran civilización; ver al Papa, a los reyes, a los obispos, asistir a la ceremonia de creación de nuevos caballeros, a las misas pontificias, a la entrada del Lord Alcalde de Londres! ¡y tocar las columnas del Partenón, las ruinas romanas de Nimes y de Pola, los pilares de las catedrales góticas, los tréboles emplomados de los vitrales de las casas Tudor!

Después del episodio con Florrie Bailey, la bailarina de *café-concert* a quien se ofrece en matrimonio y ante el asombro de ser rechazado por la vigorosa razón y buen sentido de la joven prostituta, averigua que ella forma parte del grupo de espías que vigilan cada paso suyo por instrucciones de su curador Cartuyvels. Barnabooth deambula por las calles de Florencia noches y días, sin regresar a su hotel, hasta que topa de manos a boca con su automóvil de lujo que vendiera hace un año a su amigo el marqués de Poutuarey. Sube al coche y cuando va a arrancar, el marqués sale de una casa galante y estrecha en sus brazos al amigo que se desmaya de hambre y cansancio en los mullidos cojines de la Vorace. Al día siguiente parten hacia San Marino. El retrato que hace Barnabooth de Poutuarey indica ya cómo ha aprendido a juzgar a los hombres sin rencor, pero sin esperanza. Ante la expresión de amistad cordial que le depara el marqués en un momento de diálogo, Barnabooth anota:

Poutuarey piensa que es halagador poder tratar de "mi querido amigo" al hombre más rico del mundo. Me gusta esta vanidad humilde de las gentes que se muestran orgullosas de sus relaciones, de su dinero, de sus títulos nobiliarios, de su saber, de sus talentos. Lo encuentro conmovedor, yo que sufro por haber alcanzado el centro de la indiferencia y ver que las gentes gustan dejarse engañar por las apariencias de la vida. ¿Hay, pues, hombres lo suficientemente ingenuos como para, siendo nobles, despreciar a quienes no lo son? ¿Siendo sabios, creerse superiores a los ignorantes? ¿Siendo ricos, creerse por encima de los pobres? ¡Quién tuviera, ¡ay!, la frescura de alma de estos inocentes! Ser el abarrotero que detesta de todo corazón al abarrotero de enfrente, o el rico negociante retirado que se muere de ganas por ser recibido en casa de su vecino el hidalgo, o el hombre de letras que se cree importante porque hablan de sus libros. Pero, por otra parte, ¿no es también conmovedora la gran vanidad del orgullo que me invade al sentirme superior a todas estas pequeñas vanidades?

Estas o iguales reflexiones se irán sucediendo cada vez más a menudo, en el diario del rico *amateur*. Su viaje con el marqués a San Marino y a Venecia. Su visita luego a Moscú, Sergievo y San Petersburgo. Su paso por Copenhague y su estancia en Londres son un lujoso peregrinaje por gentes, ciudades y paisajes que fueron todo para él y de los cuales se va despidiendo para siempre, con anticipada nostalgia de quien no volverá a verlos nunca. En Londres, Barnabooth se casa con una paisana suya, Conchita Yarza. Ella y su hermana habían sido educadas en los mejores colegios de Inglaterra, por un capricho y un romántico impulso del joven multimillonario, que había recogido las dos huérfanas y se hiciera cargo de ellas, con el secreto designio, confiesa, de casarse con una de las dos. Y llegamos a las últimas páginas de su *Diario*, que nos muestran en toda su evidencia, los secretos resortes de Barnaboot. Dicen así:

Londres 8 de enero.— Me doy cuenta de que cometo un error al condenar en bloque todo mi pasado. Aun en los años peor empleados, encuentro algunas acciones de las cuales aún puedo felicitarme. Por ejemplo: cuando, habiendo recogido a las señoritas Yarza, me propuse que fueran instruidas y educadas con todo cuidado, ya entonces pensaba que una de ellas pudiera ser para mí una agradable compañía.

Es más, había contemplado la posibilidad de mi matrimonio con Concha. Pero ora lo consideraba como una derrota, ora como una solución extrema. Yo era el típico hombre que se resigna a casarse con su amante. El mundo no iba a examinar si Concepción Yarza era o no mi amante. "Se casó con una de esas muchachas a quienes sostenía": Escuchaba ya decir a uno de mis conocidos, con ese tono artificial de ciertos grupos. Era precisamente una de esas cosas que no debían haberme sucedido. Mi matrimonio, por el contrario, debía ser un golpe maestro que superase todo lo que la gente de mi mundo pudiera prever. Me colocaría definitivamente en la gran aristocracia europea. Yo soñaba con la corona de lady Barnabooth de Briarlea. En otras ocasiones mi matrimonio con Concepción Yarza adquiría un valor simbólico. La antigua idea pueril, la necesidad de "reparación social", entraba en juego. Qué desafío lanzado a mi mundo. ¿Cómo explicar mejor a todas las jóvenes de la aristocracia de sangre y de dinero, el caso que yo hacía de ellas?

Cuán tímido era entonces, cuán preocupado por la opinión, aun en mi propia rebelión contra ella. El gran signo por el cual conozco que me he despojado de la antigua tontería, es que cuido —al fin— de gustarme primero a mí mismo. Presiento que voy a ser feliz; ¿debo confesar que aún vacilo en serlo?

198

No continuaré con mi *Diario*, lo escrito hasta aquí estará mañana en la noche en París, en donde será publicado, poco me importa cómo y cuándo, con una nueva edición de mis *Borborygmos*. Es el último capricho que me pago. Mis amigos de Chelsea me habían pedido, a manera de recuerdo, esas que llaman, sin reír, mis obras completas. Pues bien, las van a tener: desde Francia les enviarán el volumen. Pero lo que ellos piensen... eso me es igual. Publicando este libro me desembarazo de él. El día que aparezca será el mismo en que dejaré de ser autor. No reniego de él por entero: él termina y yo comienzo. No me busquéis en él; yo estoy en otra parte, estoy en Campamento, América del Sur.

Acabo de levantar la cortina y de mirar a la noche. He visto el *square* que duerme, entre las rejas, sin movimiento ni color entre la bruma. He aquí las casas respetables que no abandonan jamás su dignidad, ni aun en su sueño. Y detrás de ella la falsa jerarquía del viejo mundo, sus pequeños placeres sin variedad y sin peligro, cuántas emboscadas miserables me ha tendido, las brillantes carreras que ha propuesto a mi actividad: negocios, políticas, literatura... Me imagino si continuará escribiendo poesías en versos libres franceses, publicando de tiempo en tiempo una colección de pastiches del género de la Oda a Tournier de Zamble: *Ievropa*, o diluyendo mis impresiones de Italia. Gracias a Dios ya no estoy enfermo y nadie me obliga a guardar cama. Otros poemas no aparecerán jamás.

Pequeña feria de vanidades, dulzuras de Europa, muy pronto tomaríais todo de mí, todo excepto lo que ofrezco con tanto amor: la sabiduría adquirida tan penosamente y mi espíritu de aplicación y obediencia. Qué bella calma en las pálidas fachadas con las cortinas corridas. Pero bien pronto habrán de despertar a su fea existencia: servidumbre y patrones. Y su respetabilidad considerará, con aire de altiva desaprobación, el desorden de mi partida. ¡Ah! cómo comprendo ese reproche: Viejo Mundo, nos separamos enojados. Y me siento tan ajeno a todo lo que aquí se hace, que bien pudiera quedarme si no hicieran tanta falta a mis ojos los Andes y las pampas. Viejo Mundo, ¡olvídame como yo te olvido!, comienzo a perder el hábito de pensar en francés. Mi lengua natal, poco a poco, al hablarla todos los días en familia, torna a ser mi lenguaje interior. Una a una se reaclimatan en mi espíritu esas palabras castellanas que me traen tantos recuerdos, los más oscuros y los más queridos, de los confines mismos de mi vida. Olvídame, Europa; arrastra mi nombre y mi recuerdo por el lodo. Ahí tienes tus monedas, recógelas, ¿quieres mi espolio, quieres mi honor? Me despojo como si fuese a morir y me voy, desnudo y contento...

Cuatro de la mañana. Esperaré el alba. He encendido todas las luces de la casa y el papagayo al que la claridad ha despertado y que se agita en su jaula en la cumbre de una pila de valijas no cesa de hablar "Loro... lorito. Lorito real..."

El *Diario* termina con un poema titulado "Epílogo", que cierra para siempre la vida europea de hombre libre y las obras del rico *amateur*, dice así:

EPÍLOGO

Con el blanco barniz de los estrechos pasillos,
los techos bajos, el dorado de los salones,
el piso que vibra en un secreto temblor
y la oscilación del agua en las garrafas,
comienza ya, aquí,
antes de la partida y del oleaje, la nueva vida.
Me acordaré de la vida europea:
del pasado que sonríe recostado en los tejados,
las campanas, el camposanto, las voces tranquilas,
la bruma y los tranvías, los bellos jardines
y las lisas y azules aguas del Sur;
recordaré los veranos, las tormentas,
el cielo malva con pozos de sol y el viento tibio,
escoltado de insectos, que pasa violando
la tierna desnudez de las hojas,
y al atravesar todos los setos y todos los bosques,
canta y silba y en los parques reales, consternado,
retumba,
mientras que sobre la floresta, el árbol vampiro,
el cedro, alzando sus negras alas, ladra.
Recordaré ese sitio en donde el invierno
se refugia en los meses de estío:
esa morada de hielo y rocas negras y negros cielos,
donde en medio del puro silencio
se encuentran Germania y Roma.
Ya sé que en breve
volveré a ver ese otro lugar de aguas nuevas
donde el Mersey, limpio al fin de ciudades,
inmenso, lentamente ola por ola
se vacía en el cielo y en donde,
primera y última voz de Europa, en el umbral de los mares,
sobre su cuna de madera, en su jaula de hierro,
una campana desde hace cuarenta años habla sola.
Así mi vida, así el grave amor sellado,
y la paciente plegaria, hasta el momento

200

en que la muerte, con su mano de huesos
ha de escribir... FIN.

Y así se despide Barnaboot de Europa y de sus lectores y torna para siempre a la vasta y virgen extensión de su patria andina. ¿Qué moraleja, si es que alguna hay, cabría deducir de esta historia? Muchas, tal vez tantas como lectores recorran sus páginas, como es el caso de todas las historias memorables. Permítaseme, entonces, enunciar la mía: Yo veo en la vida y las obras de Barnabooth un agudo tratado sobre el exilio. No valen al rico *amateur* ni la inmensidad de su fortunia, ni la agudeza de su ingenio, ni los goces que ambos le proporcionan al combinarse infinitamente en las sabias encrucijadas europeas. Siempre será Barnabooth un exiliado, siempre lo hubiera sido, a no ser por el advenimiento de su madurez y con ella el descubrimiento de una verdad esencial: sólo podemos ser nosotros, sólo tienen nuestras palabras y las voces más secretas del alma una respuesta cabal y apaciguadora en la Tierra y entre las gentes que tejieran con nosotros los largos sueños de la infancia, allí donde el agua es el agua y en modo particular a nosotros nos habla, allí donde las altas montañas enredan el viento y lo precipitan en las grandes tormentas del trópico, allí donde una mirada es un diálogo permanente y nunca truncado, sólo allí nos será dado vivir sin la contradicción dolorosa de una sangre que reclama su suelo. Quien pretenda, por otros caminos, buscar en lo ajeno a su ser una razón permanente de vida, vivirá la secreta miseria del exilio. Barnaboot regresa a Campamento con una dulce y anticipada nostalgia de Europa, de la Europa de los grandes expresos, las altas catedrales y las ciudades iluminadas, pero sabe que esa nostalgia le hará más grato el encuentro y rescate de su tierra, la cual quiso olvidar y negar un día vanamente. Descubre que toda la fuente de su angustia insatisfecha, paseada por los grandes Palace y los mullidos cojines de su yate o de su vagón uncido a los expresos de lujo estaba en ser y permanecer un extranjero, en ser, como dijera Perse:

Gente de poco peso en la memoria de estos lugares.

ACERCA DE UN CUENTO DE ÁLVARO MUTIS

por Miguel de Ferdinandy

EL ESTRATEGA

Un cuento de Álvaro Mutis

En esta desordenada época nuestra me gusta la obra —una obra de disciplinada hermosura— de este fuerte "estratega" que es Álvaro Mutis, y ella me gustaría aunque no fuese, como para mi gran suerte lo soy, su amigo personal.

Al abrir la primera vez en mi vida una de sus obras, me cautivó aquel aroma en ellas, que él mismo llama, en un pasaje significativo de su "Estratega", un "sabor muy antiguo". Las palabras que cierran su nota autobiográfica, lo confirman: ..."el último hecho político que me preocupa de veras es la caída de Bizancio en manos de los infieles en 1453", palabras que nos hacen comprender en parte —subrayo: sólo en parte— lo asombrosamente "bizantino" que su "La Muerte del Estratega" es. Y permitan que hable aquí ahora un momento el historiador —por supuesto, un historiador empapado de todos los aromas y sabores de la literatura mundial, sin la cual no hay historiografía sino solamente un mero y escueto coleccionar de datos muertos. En cambio, en este sentido —en el sentido mío de la palabra—, Álvaro se descubre como un historiador de hecho y por derecho, sin que tal epíteto disminuya su calidad de escritor: cuentista y poeta.

Captó lo bizantino e hizo que nosotros lo captásemos también, mediante poquísimas palabras, libres de lo pesado que cualquier tipo de erudición conlleva. Con dos palabras —Irene, iconoclasia— estamos ambientados. ¿Quién no conocería a Eiréné, *la* Autocrátor, de origen burgués ateniense, la terrible y devota "hija del Cristo", señora y dueña del imperio de su esposo e hijo? ¿Quién no sabría algo del cambio ejecutado por esta mujer a favor de las imágenes, hasta el extremo de mandar sacar los ojos de sus cinco cuñados y su único hijo? por —sospechas iconoclastas...

No obstante, ese horroroso monstruo reinante en el trono de los Isapóstoles, posee o poseía otro cariz más. Y es éste que enfatiza el Estratega por medio de una carta dirigida a su hermano: "en el fondo de su alma cristiana *de hoy* reposa, escondida la aguda ateniense que fuera mi leal amiga y protectora".

El Estratega, Alar *el Ilirio*, "hijo de un alto funcionario del Imperio", da —por sus palabras— en el blanco de toda la situación íntima, o sea, verdadera de la cultura bizantina. Su padre, ese "alto funcionario", convino en que el hijo recibiera su educación "bajo la influencia de los últimos neoplatónicos, en el desorden de la decadencia de Atenas". Allí "perdió Alar todo vestigio, si lo tuvo algún día, de fe en el Cristo". Tuvo pues un desarrollo diametralmente opuesto al de la que más tarde sería su Emperatriz, en cuya alma, bajo las capas de una superestructura cristiana, reposaba aún —citamos— "escondida la ateniense".

Esto es la caracterización, agudísima y más que certera, por supuesto, de la cultura bizantina, en su totalidad. En las capas superiores, la tiránica dominación de una nueva fe oriunda de Oriente inundando el alma bizantina hasta un extremo nunca logrado entre los pueblos de Occidente. No obstante, mientras que hablaban griego, permanecieron griegos, por ser la lengua —decía Unamuno— "la sangre del espíritu". En Eiréné, la *pistòs Basilíssa*, la doctrina de la nueva fe consiguió el dominio sobre su educación helenística sin poder borrar de sus profundidades, sin embargo, "la aguda ateniense". En el Estratega, en cambio, se operó —como decíamos— un desarrollo tanto espiritual como emocional de muy opuesta tendencia. Los griegos "hallaron el camino" —decía con toda firmeza—. "Al crear los dioses a su imagen y semejanza dieron trascendencia a esa armonía interior, imperecedera y siempre presente, de la cual manan la verdad y la belleza... Eso los ha hecho inmortales. Los helenos sobrevivirán a todas las razas, a todos los pueblos, *porque del hombre mismo rescataron las fuerzas que vencen a la nada.*"

A este soldado, grande y culto, "le acompañaban Virgilio, Horacio y Catulo a dondequiera que fuese". Dato que lo caracteriza muy certeramente: "Dime los nombres de tus poetas preferidos, y yo te diré quién eres." Pero, en una de las maravillosas cartas que son en todos los sentidos las de un aristócrata bizantino del primer milenio de nuestra era, sobre las cuales sería interesante saber si son imitaciones de nuestro Álvaro o, sencillamente, intuyó su tono, su manera, su estilo... Repito, en una de las cartas a su hermano, Alar lo dice claramente: "Soy un griego o un romano de Oriente" —lo que quiere decir, soy uno de aquellos pocos oficiales del Imperio romano, conscientes, cultos y faltos de ilusiones, como lo fuera, cuatro siglos atrás, Amiano Marcelino, el de Antioquía, el último gran historiador romano de la Antigüedad. "Soy un romano de Oriente —continúa—, y sé que los bárbaros... terminarán por borrar nuestro nombre y

206

nuestra raza. Somos los últimos herederos de la Hellas inmortal, única que diera al hombre respuesta valedera a sus preguntas *de bastardo."*

Espero no equivocarme al atribuir a este último vocablo un sentido profundo, uno que conduce en dos direcciones. Una es ésta: El bizantino fue como lo somos nosotros: mezcla, com-posición de muchas razas. Esto es lo de menos. Lo que importa es que llevamos en nuestra sangre, en los recuerdos de nuestros mayores, miles y miles de genes de diferente, incluso de opuesta herencia. Sí, somos bastardos, como lo fuera cada bizantino, hasta en eso gran arquetipo, lleno de sentido, de todo el Occidente. Pero las palabras del Estratega, es decir, las de nuestro Álvaro, se refieren a algo más trascendente, y esto es a lo que acabamos de aludir. Su carta no habla del bizantino, sino del hombre, y en primera instancia ni siquiera este hombre es el bastardo, sino sus preguntas. Y aquí se abre por segunda vez el camino hacia una nueva perspectiva, que a su vez se bifurcará.

No podemos preguntar sino de modo bastardo. "Hemos tapiado todas las salidas —nos dice Alar-Álvaro—, y nos engañamos como las fieras que se engañan en la oscuridad de las jaulas del circo, creyendo que afuera les espera la selva que añoran dolorosamente." "Vivimos en la época de los falsos profetas: desde el trono de Oriente nos quiere esclavizar una doctrina que no sólo para nosotros sino hasta para ellos —los de Oriente— es ajena y dañina. Como en Bizancio. Pero nuestro trágico mestizaje espiritual no se revela única y exclusivamente por el camino que acabamos de señalar. Bajo la capa de doctrinas, cultos y religiones, y cuya 'injusticia' (pesa) sobre el corazón del hombre y lo hace suspicaz, infeliz y mentiroso", ahí es donde reside el verdadero mal. Escuchemos otra vez la voz de nuestro Alar-Álvaro, al dirigirse a su hermano: "El hombre en su miserable confusión —dice—, levanta con la mente complicadas arquitecturas y cree que aplicándolas con rigor conseguirá poner orden al tumultuoso y caótico latido de su sangre." Y ya antes diría al higoumeno Andrés que vino a visitarle en su campamento de Bulgaria: "¡No hay nada que hacer! ¡No podemos hacer nada! No tiene ningún sentido hacer algo. Estamos en una trampa." Y si terminase su mensaje con este lema: "Nadie puede poder", podríamos también nosotros, al igual que Álvaro, "recostarnos en el camastro de pieles que le sirve de lecho, y" cubriéndonos "el rostro con las manos", volver a sumirnos "en el silencio". Pues ni la sangre ni el espíritu dieron respuesta a la pregunta del bastardo.

Pero ni siquiera Alar se quedó sumido en el silencio para siempre. Hizo como Gilgames al no conseguir el arcano de la inmortalidad.

207

Regresó a su ciudad y sumióse —no en el silencio—, sino en su deber de cada día. Otro tanto hizo, en sus últimos años, Alar *el Ilirio*.

Mediante "un fatalismo lúcido, de raíces muy hondas" se metió en la empresa militar que las amenazas del Este mahometano impusieron a su patria. Al imponerle los símbolos de su grado de Estratega, el basileüs León notó que "sus ojos se llenaron de lágrimas". ¿Habrá pensado en el ascenso de aquel Juliano, torpemente llamado *el Apóstata* más tarde, quien al recibir el rango más alto del Imperio de manos del Emperador, recitará a media voz el verso homérico lleno de sabiduría acerca del destino, de su destino: *éllabe porphyreos thánatos kai moïra krataié?*

Pero, antes de que lo cubran el poderoso Hado y la Muerte, la de color púrpura de su batalla postrera, se le brindará aún este mismo destino una respuesta a su pregunta, una que no le surge en la dirección del "sentimiento trágico de la vida" de sus adorados griegos, sino en la de la sangre, las fuerzas vitales pues. Su "fatalismo lúcido, de raíces muy hondas" le traía, como última flor de la vida, a Ana *la Cretense*, la muchacha de "secreta armonía, de sabor muy antiguo", como nos dice Álvaro con una expresión tan profunda que revelásenos en ella todo lo que vislumbramos sobre la psique y el amor. Y con este amor y la batalla trágica que sigue a la frustración que le impusieron las potencias ajenas, celosas y envidiosas de la "secreta armonía" que irradiaba de ellos a nuestro mundo confuso y contradictorio —despídese de nosotros el autor de este profundísimo relato. A él, lo quisiera caracterizar con las mismas palabras que él mismo me dijera un día ante el retrato de mi padre: *un homme racé*, y explicarles las que escribí en mis libros húngaros acerca de aquel tipo de hombre que yo llamo "regio": real de rey —pero en vista del título que él mismo se dio y demostró en su relato, me contento con ése: el Estratega. Una sola *V* corta hace la diferencia entre el nombre de su héroe y el suyo propio. Descubrirla y hacerla manifiesta, ésta ha sido mi tarea de hoy.

(1981)

208

BIBLIOGRAFÍA COMPLETA DE ÁLVARO MUTIS

La balanza, en compañía de Carlos Patiño Roselli. Edición ilustrada por Hernando Tejada y con 200 ejemplares firmados por los autores, Bogotá, 1948.

Memoria de los hospitales de Ultramar. Separata de la revista *Mito* (núm. 26). Bogotá, s. f.

Los elementos del desastre. Editorial Losada, S. A., Buenos Aires, 1953.

Diario de Lecumberri. Universidad Veracruzana. Serie Ficción, Xalapa, México, 1960.

Los trabajos perdidos. Ediciones Era, México, 1965.

Summa de Maqroll El Gaviero, Poesía (1948-1970). Barral Editores, Barcelona, 1973.

La mansión de Araucaima. Editorial Sudamericana, Buenos Aires, 1973.

Diario de Lecumberri. Círculo de Lectores, Bogotá, 1975.

La mansión de Araucaima. Editorial Seix Barral, Barcelona, 1978.

Caravansary. Fondo de Cultura Económica, México, 1981.

La verdadera historia del flautista de Hamelin. Ediciones Penélope, México, 1982 (edición ilustrada por el pintor Gabriel Ramírez).

Summa de Maqroll El Gabiero, Poesía (1947-1970). Oveja Negra, Bogotá, 1982.

La mansión de Araucaima. Editorial Oveja Negra, Bogotá, 1982.

Poemas. Selección y nota del autor. Serie Poesía Moderna, núm. 24, UNAM, México, 19...

Poesía y Prosa. Obra completa hasta 1981 (incluye primeros poemas, textos no reunidos en libro, artículos periodísticos, entrevistas, conferencias y estudios críticos sobre su obra). Obra preparada por S. M. D. Instituto Colombiano de Cultura, Bogotá, 1982.

Los emisarios. Fondo de Cultura Económica, México, 1984.

Crónica regia y alabanza del reino. Ediciones Cátedra, Madrid, 1985.

Crónica regia. Ediciones Papeles Privados, México, 1985 (con un grabado original de Leticia Feduchi).

La nieve del Almirante (novela). Alianza Editorial, Madrid, 1986.

Ilona llega con la lluvia (novela). Diana, México, 1988.

Un bel morir... (novela).

ÍNDICE

Este libro se terminó de imprimir y encuadernar
en el mes de septiembre de 1995 en Impresora y
Encuadernadora Progreso, S. A. de C. V. (IEPSA),
Calz. de San Lorenzo, 244; 09830 México, D. F. Se
tiraron 1 000 ejemplares.